www.ingramcontent.com/pod-product-compliance
Lightning Source LLC
LaVergne TN
LVHW010811051026
849532LV00007B/2512
* 9 7 8 9 3 6 9 0 8 1 4 7 9 *

اردو ادب : نئے افق

(مضامین)

مرتبہ:

مکرم نیاز

Urdu Adab : Naye Ufuq *(Literary Essays)*
by: Mukarram Niyaz
Edition: December '2025
Publisher :
Taemeer Publications LLC (Michigan, USA / Hyderabad, India)

ISBN 978-93-6908-147-9
9 789369 081479

کتاب	:	**اردو ادب : نئے افق** (مضامین)
مرتب	:	**مکرم نیاز**
بہ تعاون / بشکریہ	:	ncpulblog.blogspot.com
صنف	:	تحقیق و تنقید
ناشر	:	تعمیر پبلی کیشنز (حیدرآباد، انڈیا)
سالِ اشاعت	:	۲۰۲۵ء
صفحات	:	۱۳۲
سرورق ڈیزائن	:	تعمیر ویب ڈیزائن

فہرست

۱

اردو ادب میں تنقیدی نظریات

محمد خواجہ مخدوم محی الدین

تنقید کا وجود عالم انسانی کے وجود کے ساتھ ہوا۔ تنقید کے عام معنی اچھے اور برے کی تمیز کرنے کے ہیں۔ انسان تنقید کا شعور لے کر پیدا ہوا۔ یونانیوں نے سب سے پہلے ادب اور تنقید پر روشنی ڈالی اور اس کو معراج کمال تک پہنچایا۔ تنقید کسی ادبی تخلیق میں فن پارے کی خوبیوں کو ظاہر کرنے کا ایک نظریہ ہے۔ تنقید کا اہم کام ادب کی عظمت کا صحیح اندازہ لگانا ہے۔ تنقید بھی ایک تخلیقی عمل ہے جس میں کسی بھی ادبی تخلیق سے حجابات کے پردے اٹھا کر اس کے اقدار کو متعین کرنا ہے۔ نقاد اچھائی اور برائی میں تمیز کر کے ایک نئی چیز کو جنم دیتا ہے، اس لیے اس عمل کو بھی تخلیق قرار دیا گیا ہے۔ تنقید اس تخلیقی قوت کو کہتے ہیں جو ادیب کے پیش کردہ کارناموں کو علاحدہ حیثیت سے دوبارہ پیدا کرنے اور ذہن پر وہی نقش ثبت کرنے کا کام کرتی ہے۔ اردو ادب میں رومانی تنقید، نفسیاتی تنقید، تاثراتی تنقید، جمالیاتی تنقید، مارکسی تنقید اور سائنٹفک تنقید وجود میں آئی۔

دنیا میں سب سے زیادہ حیرت انگیز اور دلچسپ تخلیق ذہن انسانی ہے جس میں سارا خیر و شر سمیٹ کر آ گیا ہے۔ ادب و فنون بھی ایک چھوٹے سے ذہن کا کرشمہ ہے۔ خواہ وہ مصوری ہو یا بت تراشی فن تعمیر ہو یا موسیقی اور شاعری لیکن شعر و ادب کو ان تمام فنون

پر اس لیے فوقیت ہے کہ اس میں زندگی کا احاطہ کرنے کی سکت زیادہ ہے۔ ادب فنون لطیفہ تک ہی محدود نہیں ہے۔ بلکہ ادب ہماری تہذیبی زندگی کو بھی متاثر کرتا ہے۔ ادب کی تعریف کے سلسلے میں ناقدین میں اختلاف پایا جاتا ہے۔ بعض ناقدین نے ادب کو صرف جمالیاتی انبساط ہی تک محدود رکھا۔ اسے صرف مسرت کا ذریعہ بنایا۔ ادب پر سب سے پہلے باقاعدہ اظہار مشہور فلسفی افلاطون نے کیا۔ اس نے اپنے زمانے کی تمام ضروریات سے بغاوت کی، اور حقیقت اور حسن کی تلاش میں ایک نئے فطری نظام کو جنم دیا۔ افلاطون کی نگاہ میں خیر اور سچائی ہی اصل حقیقت ہے۔ وہ ادب و شاعری میں بھی حقیقی مقصد کو پورا کرنے کا مطالبہ کرتا ہے۔

افلاطون کا اہم شاگرد ارسطو نے اپنی کتاب 'بوطیقا' میں ادب و شاعری پر تفصیل سے بحث کی اور افلاطون کے نقطۂ نظر پر بحث کی۔

اس طرح ادب میں دو نظریے پیدا ہو گئے 'ادب برائے ادب'، 'ادب برائے زندگی'۔ ڈاکٹر سید محمد عبداللہ نے کہا ہے:

"ادب ایک فن لطیف ہے جس کا موضوع زندگی ہے"۔ اس کا مقصد اظہار، ترجمانی و تنقید ہے۔ اس کا سرچشمہ تحریک احساس ہے۔ اس کا معاون اظہار خیال اور قوت متغیرہ ہے اور اس کے خارجی روپ و حسین ہیئت اور وہ خوبصورت پیرایہ ہائے اظہار ہیں جو لفظوں کی مدد سے تحریک کی صورت اختیار کرتے ہیں۔

اس فن لطیف میں الفاظ مرکزی حیثیت رکھتے ہیں اور یہی چیز اس کو باقی فنون لطیفہ سے جدا کرتی ہے ورنہ شدت تاثر اور تخیل کی مصوری اور تخلیق و اختراع کا عمل دوسرے فنون میں بھی ہے۔"

(بحوالہ: 'مباحث' از ڈاکٹر سید محمد عبداللہ، ص ۲۲)

ادب دراصل زندگی اور تہذیب کا عکاس ہوتا ہے۔ وہ خارجی حقیقتوں کو داخلی آئینے میں پیش کرتا ہے۔ ادب انسانی زندگی کی ایک ایسی تصویر ہے جس میں انسانی جذبات اور احساسات کے علاوہ مشاہدات و تجربات بھی نظر آتے ہیں۔ 'ادب برائے زندگی' کا تصور کارل مارکس کے نظریے سے پیدا ہوا۔

ادب زندگی کی صحیح ترجمانی کرتا ہے۔ ادب کو زندگی کی ترجمانی کرنی چاہیے۔ ادب زندگی کا ترجمان اور نقال ہوتا ہے۔

ادب زندگی اور اس کے تجربات کو سمجھنے کا شعور رکھتا ہے۔ بہترین ادب کے لیے یہ ضروری ہے کہ وہ اجتماعی خواہشات کی تکمیل کرے۔ ٹین نے کہا ہے کہ:

"ادب نسل، ماحول، وقت سے مل کر وجود میں آتا ہے۔ ادب کی اس تصریح پر غور کرنے سے یہی نتیجہ نکلتا ہے کہ ادب سماج، ماحول، زندگی، تہذیب اور معاشرت کا عکاس اور ترجمان ہوتا ہے اور اگر کسی تخلیق میں یہ صفات نہیں رہیں تو اس کو بہترین ادب میں شمار کرنا صحیح نہ ہوگا۔"

(بحوالہ: Litrature for a age of Science Hymen and Kelen Spalding-P-۱۰)

ادب کو زندگی کی حقیقتوں کے ساتھ ہی پرکھا جاسکتا ہے اس لیے کہ اس کا زندگی سے ایک نہ ٹوٹنے والا رشتہ ہوتا ہے۔ اس زمانے کا ادب زوال پذیر ہوتا ہے، جب وہ زندگی کی حقیقتوں سے دور ہو جاتا ہے۔ اردو ادب میں نئے رجحانات کی ابتدا انیسویں صدی کے آخری حصّے اور بیسویں صدی کے اوائل میں ہوگئی تھی۔ انیسویں صدی کے آخر میں جس کی وجہ سے ہندوستان ایک نئی کشمکش میں مبتلا تھا۔ اور وہ تھی اس کی تہذیب اور روایات کی کشمکش۔ نئی زبان، نئی تہذیب اور نئی باتوں کو قبول یا رد کرنے کا مسئلہ۔ اس

کے ساتھ ہی متوسط طبقے کی حالت دن بہ دن خراب ہوتی جارہی تھی جس کے لیے سرسید، حالی، مولانا محمد حسین آزاد، شبلی اور ذکاء اللہ وغیرہ نے نئ باتوں کو اپنانے کی تحریک شروع کی۔ انھوں نے اپنی تحریروں اور تقریروں کے ذریعے نئے علوم اور نئ تہذیب کی حمایت کی اور تعلیم کی اہمیت پر زور دے کر بیداری پھیلانے کی کوشش کی۔

ادب میں ہمیشہ مختلف نظریات سرگرم رہے۔ ادب ہمیشہ نظریات کا پابند رہا۔ افلاطون سے لے کر ہیگل تک فرائیڈ اور مارکس تک ادب کسی نہ کسی صورت میں نظریات کا پابند رہا ہے۔ افلاطون اور ارسطو نے جب کائنات اور فنون لطیفہ کو نقل کیا تو دوسرے لوگوں نے صرف شخصیات کا آئینہ، تنقید حیات یا زندگی کا ترجمان کہا تو اپنی نظریات کے تحت ادب کو پیش کرتے رہے۔ اس کا یہ مطلب نہیں کہ ادب کو کسی نظریہ یا فلسفہ کا غلام بنادیا جائے۔ ایسی صورت میں اس کا حسن محدود ہو جائے گا۔ اس کی تخلیق کے لیے ایک آزاد اور کھلی فضا کی ضرورت ہے جہاں اس کے تخیل کی پرواز نہ روکی جائے۔ ادب کو کسی فلسفہ کا غلام بنا دینے میں اس کی ادبیت اور افادیت دونوں مجروح ہوتے ہیں۔

ادب کو زندگی کے مسائل سے علاحدہ نہیں کیا جاسکتا۔ زندگی اس کے مطالبات اور اس کی حقیقتوں سے آنکھ بند کر کے بہترین ادب کی تخلیق ممکن نہیں چونکہ ہر ادیب یا فنکار کی یہی کوشش ہوتی ہے کہ وہ اپنی تخلیق کو بہتر سے بہتر بنائے۔ علما نے ادب کی تعریف کرتے ہوئے اسے تفسیر حیات کا نام دیا ہے اور تفسیر بغیر تنقیدی شعور کے ممکن نہیں۔ اس لیے تخلیق کے ساتھ ہی تنقید کا عمل بھی شروع ہو جاتا ہے۔ تنقیدی شعور کے بغیر نہ تو اعلیٰ ادب تخلیق ہو سکتا ہے اور نہ فنی تخلیق کی قدروں کا تعین ممکن ہے اس لیے اعلیٰ ادب کی تخلیق اور ادب کی پرکھ کے لیے تنقید لازمی ہے۔ تنقید کا وجود عالم انسانی کے

وجود کے ساتھ ہوا۔ تنقید کے عام معنی اچھے اور برے میں تمیز کرنے کے ہیں۔ جب زمین پر انسان کا وجود ہوا تو اس نے بعض درختوں، پودوں، موسموں، ہواؤں اور پھولوں پھلوں کے سلسلے میں اپنی پسند اور ناپسندی کا اظہار کیا، اور کڑوے اور تلخ پھلوں سے اس کا منہ بدمزہ ہوا، اور اس نے اسے خواب سمجھا ہوگا۔ دوپہر کی گرمی کو دور کرنے کے لیے تناور درختوں کا سہارا لیا۔ اس لیے اسے پسند کیا۔ پھولوں کی خوشبو نے اسے معطر کیا تو اسے مسرت محسوس ہوئی۔ کانٹوں نے اسے تکلیف پہنچائی تو ان پر غصہ آیا۔ غرض اس طرح اس نے اچھے اور برے میں تمیز کرنا سیکھا۔ یہیں سے اس کے ذہن میں تنقیدی شعور ہوا اس وقت نہ تو کوئی زبان تھی نہ کوئی تہذیب اس لیے ہم اتنا کہہ سکتے ہیں کہ انسان تنقید کا شعور لے کر پیدا ہوا اور جسے تہذیب کے سورج کی گرمی اور روشنی زمین کو سنوارتی اور بناتی گئی۔ ویسے ویسے تنقید کا شعور بھی ارتقا کی منزلیں طے کرتا رہا اور جب تہذیب نے ایک جامہ پہن لیا اور انسان اپنے احساسات کی ترجمانی اپنی ضرورتوں کی تکمیل کے لیے بات چیت کرنا شروع کی تو تنقید نے ایک شکل اختیار کرنا شروع کی۔

اگر ہم قدیم زمانے کے ادب پر غور کریں تو ہم دیکھتے ہیں کہ یونانی ادب دنیا کا قدیم ترین ادب ہے۔ یونانی قوم نے اس زمانے میں علم و فن اور تہذیب و تمدن میں اپنی معراج کو پالیا تھا۔ جب دنیا جہالت میں تھی، یونان میں علم و حکمت بام عروج پر تھی۔ تنقید اور اس کا معیار بھی سب سے پہلے یونانی ادب میں ملتا ہے اور تنقید کا پہلا اشارہ یونان کے قدیم ترین شاعر 'ہومر' کے ہاں ملتا ہے اس نے اپنی تصنیف 'اوڈیسی' میں لکھا ہے کہ:

"اس مقدس مطرب 'ڈیموڈوکس' کو بلاؤ کیونکہ خدا نے اسے جیسی گانے کی صلاحیت دی ہے کسی اور کو نہیں دی اس لیے کہ جسے اس کا دل چاہے اس طرح گا کر انسانوں کو خوش کرے۔" (بحوالہ: بوطیقا، ص ۳، تمہید)

یونانیوں نے سب سے پہلے ادب و تنقید پر روشنی ڈالی اور اس کو معراج کمال تک پہنچایا۔ پروفیسر بوچر نے افلاطون کی تنقیدی بصیرت کی داد دی، اور افلاطون نے سب سے پہلے فلسفیانہ تنقید پر روشنی ڈالی اور اس کا سنگ بنیاد رکھا۔ اس نے لکھا:

"افلاطون کے مطالعے سے ہمیں معلوم ہوتا ہے کہ اس نے وسیع اور فلسفیانہ تنقید کا سنگ بنیاد رکھا جو علم و ادب کی روح ہے۔" (بحوالہ: روح تنقید، ڈاکٹر زور، ص ۱۶۰)

تنقید پر ارسطو کی کتاب 'بوطیقا' سب سے پہلی کتاب ہے۔ اس کتاب سے نہ صرف تنقیدی رجحانات کا پتہ چلتا ہے بلکہ اصول نقد پر بھی روشنی پڑتی ہے۔ عزیز احمد نے بوطیقا کی تمہید میں لکھا:

"جہاں تک خالص تنقید کا تعلق ہے معلم اول کا یہ شاہکار دنیا بھر میں بے مثل ہے۔"

(بحوالہ: بوطیقا ارسطو مترجمہ عزیز احمد، ص ۳۲)

ارسطو نے ادبی فن پاروں کو پرکھنے کے لیے جو اصول معین کیے وہ بے پناہ تنقیدی صلاحیت کا ثبوت ہے رزمیہ المیہ اور طربیہ پر اس نے جس طرح بحث کی ہے وہ تنقید کا بہت بڑا شاہکار ہے۔ ارسطو نے پہلی بار المیہ و طربیہ شاعری پر تنقیدی بحث کی، یہ المیہ کو اس لیے پسند کرتا ہے کہ اس سے اخلاق کا درس ہے۔ اس طرح تنقید یونان میں پہلی بار باقاعدہ شکل میں آئی۔

عربی ادب کی تاریخ بہت پرانی ہے۔ اسلام سے پہلے بھی جب تہذیب و تمدن نام کی کوئی چیز کا وجود نہ تھا۔ بہترین شاعری کے نمونے ملتے ہیں۔ ظاہر ہے کہ انھوں نے اصول اور قاعدہ بھی مقرر کیے تھے جس کی بنا پر وہ اچھی اور بری شاعری میں فرق کرتے تھے۔ وہ شاعری میں طرز بیان کو سب سے زیادہ ترجیح دیتے۔ ابن رشیق نے اپنی کتاب

'کتاب العمدہ' میں جدت اور طرز اور ندرت بیان پر سب سے زیادہ زور دیا ہے۔

"ادائے ندرت معنی کیلئے نئے انداز نکالنا اور ایک ایک بات کو کئی کئی طرح ادا کرنا شاعرانہ کمال ہے۔"

(اردو تنقید کی تاریخ، مسیح الزماں، ص ۱۰)

اس زمانے میں تنقید کا باقاعدہ وجود نہ تھا لیکن اس بات سے انکار نہیں کیا جاسکتا کہ کچھ اصول نقد موجود تھے۔ مثلاً ابن خلدون نے تنقید کے اس طریقے کو ضروری سمجھا اور لکھا ہے:

"جب اشعار نظم کر لیں اور فراغت مل جائے تو خود اپنے اشعار پر ناقدانہ نظر ڈالنی چاہیے۔"

(مقدمہ ابن خلدون، ص ۵۹۱)

ایرانی نقادوں نے شاعری کو صرف احساسات کی ترجمانی اور جذبات کی شدت بیان کرنے کا ایک ذریعہ ہی نہیں سمجھا بلکہ انداز بیان کو بہت زیادہ اہمیت دی۔ ایران کی ابتدائی شاعری میں عروض وظاہری خوبیوں کو شروع ہی سے زیادہ اہمیت حاصل رہی:

"شمس قیس رازی نے اس بات سے بحث کی کہ شاعری اور تنقید الگ الگ چیزیں ہیں اس لیے کوئی ضروری نہیں کہ اچھا شاعر اور اچھا نقاد یا اچھا نقاد اچھا شاعر بھی ہو۔"

(شمس قیس رازی کتاب العجم بحوالہ اردو تنقید کی تاریخ مصنف مسیح الزماں)

اس نے پہلی بار تنقید کو فن کی حیثیت سے محسوس کیا۔ سنسکرت ادب بھی دنیا کے قدیم ادب میں شمار ہوتا ہے۔ جس طرح تمام زبانوں میں زبان کی ابتدا شاعری سے ہوئی اسی طرح سنسکرت میں بھی اس کے ابتدائی نقوش شاعری کی صورت میں ملتے ہیں۔ جس طرح تنقید کی باقاعدہ ابتداء ارسطو کی کتاب 'بوطیقا' سے ہوئی اس طرح سنسکرت میں بھی

تنقیدی شعور کا اندازہ ناٹیہ شاستر سے ہوتا ہے۔ اس زمانے میں تنقید میں فن بلاغت، علم بیان معانی اور علم بدیع پر بہت زیادہ زور دیا گیا۔ سنسکرت میں شاعری کے تقریباً وہی اصول نظر آتے ہیں جو یونانی ادب میں نظر آتے ہیں۔ ساہتیہ درپن میں وشواناتھ نے شاعری کی تعریف میں لکھا:

"وہ کلام جس سے لذت حاصل ہو یعنی جذبات اور لذت کا ہونا شعر کے لیے ضروری قرار دیا گیا۔"

(ساہتیہ درپن از: وشواناتھ، ترجمہ سالک رام شاستری، ص ۱۳)

اس کے علاوہ بھاؤ کو سنسکرت شاعری میں بہت اہم قرار دیا۔ شاعری کے مقصد کے لیے سنسکرت میں بعض شعرا نے اپنے خیالات کا اظہار کیا جس سے ان کے تنقیدی شعور پر روشنی پڑتی ہے۔ مثلاً سنسکرت کے مشہور عالم ممٹ نے لکھا ہے :"شبد ارتھو کا ولیم" یعنی لفظ و معانی ہی شاعری ہے اس لیے لفظ کبھی معانی سے جدا نہیں ہوتا اس طرح ناٹیہ شاستر کے مصنف بھرت نے بہتر شاعری کے لیے سب سے زیادہ اہم رسوں کو بنایا ہے۔

مغربی ادب کا تنقیدی شعور ایک طویل عرصہ تک ارسطو کے بنائے ہوئے تنقیدی اصولوں سے بہت زیادہ متاثر رہا۔ جس کی تحریک ارسطو کی کتاب 'بوطیقا' سے ہوئی۔ تنقید کے ارتقاء کی تاریخ میں اٹھارویں صدی کے وسط سے انیسویں صدی کی تیسری دہائی کا زمانہ بڑی اہمیت رکھتا ہے۔ اس میں تنقید کے تمام بنیادی مسائل سامنے آئے جو کہ آج بھی نظر آتے ہیں۔ اس زمانے میں تنقید کا ایک ایک اہم رجحان نو کلاسکیت سے شروع ہوا جس نے تنقید میں ایک اہم باب کا اضافہ کیا۔ یہ تحریک اٹلی اور فرانس میں سولھویں صدی میں شروع ہوئی۔ یہ تحریک کلاسکیت تحریک سے وراثت میں آئی۔ اس تنقید میں

نئے رجحانات کو قبول کیا گیا۔ جو کہ بعد میں رومانی کی شکل میں نمایاں ہوئی۔ نو کلاسکیت تنقید کے عام اصول شائستگی یا ظاہری آرائش عام روایات اور اصول ہیں۔ نو کلاسیکی کے نظریہ کی بنیاد Imitation of Nature پر ہے۔

نو کلاسیکی تنقید کی ارتقا میں جان ڈرائڈن کو اہمیت ہے۔ ڈرائڈن پہلا شاعر ہے جس نے اپنی تحریروں میں نو کلاسکیت کے اصول پیش کیے اس میں شاعری طنز و مزاح ڈرامہ پر تنقیدی مضامین لکھے۔ مختلف اصناف کے ذریعے نو کلاسکیت کے نظریے کو پیش کیا۔ ویلک نو کلاسکیت تنقید کا نمائندہ تھا۔

کلاسیکی حقیقت پسندی کے بعد تنقید میں رومانی تحریک کی ابتداء ہوئی۔ یہ ایک رومانی تحریک تھی۔ اس نے تمام پرانے روایات سے بغاوت کی اور ادب کے اصولوں کو از سر نو ترتیب دیا۔

رومانیت کی بنیاد تصوریت اور ماورائیت پر ہے۔ اسی لیے اس میں میانہ روی کی گنجائش نہیں ہے۔ رومانوی ادیبوں کے یہاں جذباتی انتہا پسندی ہے ان کا احساس بہت شدید اور تصور بہت بلند ہے۔ ہیگل کے فلسفے نے رومانیت کے راستے کو ہموار کرنے میں بڑی مدد دی اس لیے کہ اس کے یہاں بھی تصوریت اور ماورائیت کی بہتاب ہے۔ شوپنہار کا فلسفہ جمالیات اور فلسفہ غم بھی رومانی تصور ہے۔

تنقید میں رومانی تحریک جرمن سے شروع ہوئی تھی جو بہت جلد انگلستان اور فرانس میں پہنچی۔ اس تحریک کو عام کرنے میں ٹین (Taine) اور سینٹ بیو نے سب سے زیادہ کام کیا۔

تنقیدی رجحانات عام طور پر حالات اور واقعات کے تحت بدلتے رہتے ہیں۔ رومانی تنقید سے جدید تنقید کی ابتداء ہوئی اس لیے کہ اس زمانے میں تنقید میں فلسفیانہ نفسیاتی

اور جمالیاتی تنقید پر زور دیا گیا۔ بعض لوگوں نے کسی بھی فن پارے کا معیار اس سے حاصل ہونے والی ذہنی سکون پر رکھا۔ تو بعض نے اس کی سماجی اہمیت پر زور دیا۔ کچھ لوگوں نے سائنٹفک کی ابتداء کی تو کچھ لوگوں نے ادب میں فنی خصوصیات جمع کر کے جمالیات تنقید کی بنیاد ڈالی۔ سائنٹفک تنقید ادیب او فنکار کے تمام پہلوؤں سے بحث کرتی ہے اس میں اس زمانے کے سماجی حالات اور خیالات کا گہرا عکس دکھائی دیتا ہے۔

سائنٹفک کے ابتدائی نقوش ٹین کے یہاں ملتے ہیں۔ حالات و نظریات کی تبدیلی کے ساتھ ساتھ تنقید کی راہیں بھی بدلتی گئیں۔ کچھ لوگوں نے ادب کے مطالعہ میں تاریخ کی اہمیت پر زور دے کر تاریخی تنقید کی ابتداء کی جس کے تحت سیاسی و عمرانی اثرات کا بھی مطالعہ کیا۔ اس طرح نفسیاتی اور سوانحی تنقید کا بھی وجود ہوا۔ انیسویں صدی میں تنقید میں بہت سے نئے رجحانات آنے لگے۔ سائنٹفک تنقید نے جن باتوں پر اپنی بنیاد رکھی انہی سے تنقید کی ایک نئی شاخ جمالیاتی تنقید بھی نکلی جس میں جمالیاتی اقدار پر زور دیا:

"مجنوں گورکھپوری کا بیان ہے جمالیات فلسفہ ہے حسن وفن کاری کا۔"

(تاریخ جمالیات، مجنوں گورکھپوری، ص ۱۲)

جمالیاتی تنقید کے اولین نقادوں میں والٹر پیٹر کا نام لیا جاتا ہے۔

تنقید کے اس نظریے میں مسرت اور حسن کو بہت زیادہ اہمیت حاصل ہے۔ جمالیاتی نقاد کسی بھی فنی تخلیق میں سب سے زیادہ یہ دیکھتا ہے کہ وہ کہاں تک حظ پہنچاتی ہے۔ جمالیاتی تنقید سے ایک شاخ تاثراتی تنقید کی نکلی۔ جمالیاتی تنقید میں جب حد درجہ داخلیت پیدا ہو جاتی ہے تو تاثراتی تنقید بن جاتی ہے۔ تاثراتی تنقید میں صرف ان باتوں پر نگاہ رکھی جاتی ہے کہ کسی بھی ادبی تخلیق کے مطالعے کے وقت ذہن پر کونسا وجدانی اثر

طاری ہوتا ہے۔ وہی تاثر اس تخلیق کے اقدار کو متعین کرتا ہے۔

امریکی نقاد اسپنگارن جس نے تاثراتی تنقید کو تخلیقی تنقید کا نام دیا ہے۔ والٹر پیٹر اور آسکر وائلڈ اسی دبستان کے علمبرداروں میں سے ہے تاثراتی تنقید میں صرف یہ دیکھا جاتا ہے کسی تخلیق کے مطالعے سے نقاد کے ذہن پر کیا اثر پڑتا ہے۔

جدید دور میں ادب میں سماجی نقطۂ نظر پر زور دیا گیا ہے۔ نقاد یہ دیکھتا ہے کہ ادبی تخلیقات میں فنکار نے کس زاویہ سے سماجی مسائل پر روشنی ڈالی۔ اس کا انداز فکر کیا ہے۔ وہ کس طبقے کی ترجمانی کرتا ہے۔ اس طرح تنقید کا سلسلہ معاشیات، نفسیات، سیاسیات اور دوسرے علوم سے مل گیا۔ تنقید کا کام ادب کی ترجمانی کرنا ہے اور اس کے محاسن اور اقدار کو سمجھنے میں مدد دیتا ہے۔ جدید تنقید میں ایک باقاعدہ اسکول مارکسی نقادوں کا ملتا ہے جس نے ادب اور سماج کے بارے میں اپنا نقطہ نظر پیش کیا۔ مارکسی ناقدین کا خیال ہے کہ ادب کی تخلیق کے لیے دوسرے علوم کا سہارا لینا ضروری ہے۔ ادب زندگی پر اثر انداز ہوتا ہے۔ سماجی مارکسی تنقید کا سب سے بڑا کارنامہ یہ ہے کہ اس نے ادب اور زندگی کے متعلق اس کی افادیت پر زور دیا ہے۔

جدید تنقید نگاری میں نفسیاتی تنقید کا ایک اہم رجحان ملتا ہے جس کی باقاعدہ ابتدا فرائڈ سے ہوتی ہے اس نظریے کے تحت سب سے زیادہ زور فرد پر دیا جاتا ہے اور ادب کو خالق کی نفسیاتی الجھنوں اور تشنگیوں کی تصویر بنایا جاتا ہے۔ جدید نفسیات کی مقبولیت فرائڈ کی تحریروں خصوصاً اس کے فلسفے تحلیل نفسی سے ہوتا ہے۔ فرائڈ نے خواب کی تعبیر و تشریح کی اور بتایا کہ خواب کی طرح ادب بھی ہماری ناکامیوں کی تسکین کا ذریعہ ہے۔ نفسیاتی فلسفیانہ، ادبی اور سماجی تحریکوں کا اثر عالمگیر صورت میں ظاہر ہوا ان اور تحریکات نے مشرق اور خصوصیت سے ہندوستانی ادب کو بھی متاثر کیا۔ ہندوستانی سماج

تنقیدی نظریات میں اس قسم کے تحریکات نظر آتے ہیں۔ "سرسید نے سب سے پہلے فکر کو ایک سائنسی نقطۂ نظر دیا اور چیزوں کو پرکھنے کے لیے تنقیدی نظریہ عطا کیا۔ یہ سرسید ہی کی دین تھی کہ تنقیدی شعور نے صدیوں کی راہ ایک جست میں طے کر لی۔ ہم دیکھتے ہیں کہ تنقید ایک دم تذکروں سے نکل کر آب حیات کے دائرے میں آگئی۔ یہ بہت بڑی ترقی تھی۔ دوسرے تذکروں کے مقابلے میں "آب حیات" میں باقاعدہ تنقیدی رجحان اور اصول ملتے ہیں۔ آزاد کا اصول تمثیلی ضروری ہے۔

لیکن انھوں نے اپنے خاص انداز میں شاعری کا تجزیہ کرکے ادبی پرکھ کا ایک نیا طریقہ اور معیار متعین کیا۔ اس ضمن میں آب حیات کے علاوہ نیرنگ خیالات کا مقدمہ بھی کافی اہمیت رکھتا ہے جس میں بدلتے ہوئے حالات کا شعور ملتا ہے اور ان حالات کے پیش نظر نئی ادبی روایتوں کی تدوین کا جذبہ کارفرما نظر آتا ہے۔ آب حیات کے بعد مقدمہ شعر و شاعری اس سے زیادہ اہم قدم تھا چوں کہ انیسویں صدی کے آخری نصف حصّے میں ہندوستان میں بہت سی نئی چیزیں آئیں بلکہ یہ کہنا صحیح ہوگا کہ اس زمانے میں پورا نظام حیات بدل گیا۔ اس لیے تنقیدی شعور اور ادبیات میں تبدیلی کا ہونا لازمی تھا جو نئے تنقیدی شعور کی نشاندہی کرتی ہیں۔

اردو ادب میں ابتدائی تنقیدی اشارے تذکروں میں ملتے ہیں۔ تذکروں میں ان تنقیدی اشاروں کی بڑی اہمیت ہے۔ دراصل ہماری جدید تنقید کی بنیاد ہی اشارے ہیں۔ تذکرہ نگار جس شاعر کا ذکر کرتا ہے اس کے کلام پر خود ہی رائے دیتا ہے۔ تنقیدی شعور کا یہ سلسلہ شعرا کے کلام سے تذکروں تک پہنچتا ہے۔ اسے تنقیدی شعور کی ابتدا کا زمانہ قرار دیا جاسکتا ہے۔ تنقیدی شعور کی بہت سی مثالیں شاعروں کے کلام تقریضوں اور خطوط میں مل جاتے ہیں۔ تذکروں کے فوراً بعد آب حیات کا نام آتا ہے۔ اگر تاریخی

۲

اردو ادب میں اساطیر (داستان اور ناول کے حوالے سے)

طیبہ بانو

ادب میں اساطیر کی روایت اور دائرہ کار کے بارے میں گفتگو کی جائے تو معلوم ہوتا ہے کہ اساطیر نے تمام اصناف ادب پر اپنے گہرے اثرات مرتب کیے ہیں۔ اس کی ایک بڑی وجہ یہ ہے کہ اساطیری یا دیومالائی قصوں کا تعلق ماضی سے ہی ہے اور یہ کہانیاں قدیم ترین انسانوں کی الجھنوں اور پریشانیوں سے بھری ہوئی زندگی کی آئینہ دار ہیں۔ قدیم تہذیب اور رسم ورواج، ان کے جذبات واحساسات کا علم ان کہانیوں سے ہوتا ہے، جس طرح ادب ان کو پیش کرتا ہے وہ کوئی اور شعبۂ علم نہیں بیان کر سکتے۔ انھیں قصے کہانیوں کے ذریعے آج اس گلوبل ولیج نما دنیا نے قدیم انسانوں کے حالات و واقعات سے آشنائی ادب کے ذریعے حاصل کی اور قدیم و جدید زندگی کے مابین ایک ربط بنانے کی کوشش کی ہے۔ دنیا کی مختلف ثقافتوں میں سے اساطیر بھی ایک خاص اہمیت کی حامل ہے۔ اسی لیے قدیم ترین لوگوں کی تہذیب، ان کا رہن سہن، ان کے حالات و واقعات سے واقفیت حاصل کرنے کے لیے اساطیری مطالعہ ناگزیر ہے کیونکہ ہر نئ سے نئ تہذیب وثقافت کی بنیادی جڑیں اس کے قدیم نظامِ اساطیر میں پوشیدہ ہیں جو آج بھی زندگی کے تمام تر شعبوں میں موجود ہے اور موجودہ عہد کی حقیقتوں سے آشنا ہونے میں ہماری مدد کرتی ہیں۔

قصے کہانیوں کے اساطیری جہان کا منبع اگرچہ زبانی بیانیہ ہے لیکن یہ سب اب تحریری شکل میں موجود ہے جس کے سبب اسے آفاقیت کا درجہ ملا۔ جب بات اساطیر کی تحریری شکل کی جائے تو سب سے پہلا نام اس حوالے سے ہومر کی رزمیہ نظم ایلیڈ کا آتا ہے۔ اس نظم میں یونانی اساطیر کے اولین نقوش ملتے ہیں اور اس کے ذریعے ہی یونانی اساطیر کا در واہوتا ہے۔ اس کی نظم ایلیڈ میں ٹرائے کی جنگ کا تفصیلی بیان ہے۔ ہومر کی رزمیہ نظمیں ایلیڈ اور اوڈیسی یونانی اساطیر کا مظہر ہونے کے ساتھ اساطیری ادب کا گراں قدر اثاثہ ہیں۔ ہومر کے بعد ہسیاڈ (Hesiod) نے یونانی اساطیر پر قلم اٹھایا ہے اور اس کی دو تصنیفات قابل قدر ہیں، ان میں "Works and days" اور دوسری "Theogony" ہے۔ ان کے علاوہ یونانی صنمیات میں پنڈار Pindar، سوفوکلیز Sophocles، اسلیکس Diorus Siculus، یوری پڈیز Euripides، ارسٹوفینز Aristophanes وغیرہ یونانی اساطیر کے مشہور مصنف گزرے ہیں، جنھوں نے اساطیر کے در وا کیے اور اساطیر کے لیے راہیں ہموار کیں۔

ان کے علاوہ جن لوگوں نے اساطیری جہان میں گراں قدر اضافہ کیا، ان میں لوسیس اپولیوس Apulius اور لوسین قابل ذکر ہیں۔ لوسیس اپولیس کی تصانیف کیوپڈ اور سائیکی Cupid and Psychi مشہور زمانہ شاہکار ہیں۔ ان کے علاوہ رومی اور لاطینی دیومالائی ادب کی دریافت و بازیافت کرنے والوں میں ورجل Virgil اور اووڈ Ovid نے بھی گراں قدر کارنامے انجام دیے۔ رومن عہد کی مشہور و معروف شاہکار نظم اینیڈ ورجل کی ہی تخلیق ہے اور اووڈ کی دیومالائی حوالے سے مشہور زمانہ نظم میٹامورفوسس Metamorphoses ہے۔ ورجل کی نظم Aineid کئی حصوں میں منقسم ہے اور اس میں دیومالائی عناصر ملتے ہیں اس کے بارے میں کہا جاتا ہے کہ اس نے

اس نظم کے ذریعے سے دیومالائی جہان کے کردار و شخصیات کو حقیقی زندگی اور ہستیوں سے قریب تر کرکے دکھایا ہے۔

اردو ادب میں دیومالائی عناصر سے کوئی صنف اچھوتی نہیں ہے۔ تمام اصناف پر دیومالائی اثرات مرتب ہیں، ان میں ایک اہم صنف داستان ہے۔

جب ہم ان داستانوں پر نظر ڈالتے ہیں تو ہمیں معلوم ہوتا ہے کہ وہ انسانی زندگی کے واقعات و جذبات سے بحث کرتی ہیں لیکن اپنی رنگ آمیزی اور تخیلی فضا کی وجہ سے عام انسان کی زندگی سے حالات وواقعات سے مختلف لگتی ہیں۔ اسی لیے جب ہم داستان کی تاریخ کا مطالعہ کرتے ہیں تو یہ نتیجہ اخذ کرتے ہیں کہ تمام داستانوں پر دیومالائی اثرات موجود ہیں چاہے وہ پہلی نثری داستان سب رس ہو یا پھر فسانۂ عجائب یا باغ و بہار اور دیگر داستانیں، ان تمام میں اساطیری عناصر پائے جاتے ہیں۔ اسی لیے دیومالائی عناصر اور داستان کو لازم وملزوم کہنا بجا ہوگا۔

یعنی دنیا کی تمام داستانوں کا سرا کہیں نہ کہیں جاکر دیومالائی عناصر سے ضرور ملتا ہے۔ داستانوں میں توہمات و عقائد، انسانی کرداروں کے ساتھ بھوت جن دیو عفریت یا جانوروں کے سر والے کردار یا پرندے اور جانور وغیرہ ان تمام کا تعلق دنیا کی قدیم مختلف اقوام کی اساطیر بھی ہے۔ اس لیے داستان کے ذکر کے ساتھ اساطیر کا ذکر لازم وملزوم ہے کیونکہ اس کا پایا جانا ناگزیر ہے۔

اردو میں سب سے پہلی باضابطہ طور پر نثری داستان 'سب رس' ہے۔ اس میں ملاوجہی نے کرداروں کو جس طرح تشکیل دیا ہے وہ غیر مجسم جذبوں کی شکل ہے۔ ان کرداروں کے نام عقل، حسن، عشق، توبہ، خضر، غمزہ،، وہم، زلف، وفا، نظر، زہد وغیرہ ہیں۔ ان کرداروں کے نام اور ان کی پیشکش سے بہ خوبی اندازہ ہوتا ہے کہ اس داستان

میں اسلامی اساطیر کا تانا بانا بُنا گیا ہے اور پوری داستان میں آغاز تا اختتام اسطوری فضا چھائی ہوئی ہے۔

'باغ و بہار' کا جب مطالعہ کریں تو معلوم ہوتا ہے کہ اس داستان میں بھی جس طرح سے قصہ در قصہ بیان کیا گیا ہے اور تحیر خیز فضا پیدا کی گئی ہے، تمام تر قصے ماورائیت پر مبنی نظر آتے ہیں جس کی وجہ سے داستان کا شمار دیومالائی ادب میں ہوتا ہے۔

دیومالائی عناصر کی ایک مثال ملاحظہ ہو:

"۔۔۔ میں نے اس کے سرہانے ایک دیو دیکھا کہ کتاب لیے کھڑا ہے۔ چاہا کہ پکڑ کر خوب ماروں اور کتاب چھین لوں، اتنے میں اس کے ہاتھ سے کتاب دوسرا لے بھاگا۔ میں نے جو افسوں یاد کیے تھے، پڑھنے شروع کیے، وہ جن جو کھڑا تھا بیل بن گیا۔"

(باغ و بہار، مرتبہ رشید حسن خان، انجمن ترقی اردو (ہند) دہلی، ۱۹۹۲، ص ۱۱۲)

یہاں ایک بات قابلِ غور ہے کہ منتر پڑھ کر جن پر پھونکنے کی روایت قدیم دور کی اساطیر کا حصہ ہے اور یہاں بھی جن کو بیل کی شکل میں دعا یا منتر کے ذریعے ہی ڈھال دیا گیا۔ یہ اساطیری تصور اس داستان میں بھی موجود ہے۔

اسی طرح دیگر داستانیں خواہ وہ 'آرائش محفل' ہو یا 'مذہب عشق' تمام داستانوں میں دیومالائی اثرات پائے جاتے ہیں۔ 'آرائش محفل' میں جس طرح حاتم طائی کو اپنے مقصد کے حصول کے لیے پوری داستان میں دیو، جن، پری، جادو، سحر سے دوچار ہونا پڑتا ہے۔ واقعات کے ان تصادم سے پوری داستان میں دیومالائی فضا قائم ہو جاتی ہے۔ اسی طرح 'مذہب عشق' کے قصے میں دلبر بیسوا کی پالتو بلی، چوہا اس کے علاوہ ممالہ دیوی کی مدد سے تاج الملوک کا بکاولی کے پھول تک پہنچنا اور اس سے اپنے والد کی بینائی کا واپس لانا، بچھو، سانپ اور پری کے کردار کا ہونا یہ سب اساطیر ہیں۔

'داستان امیر حمزہ' کا مطالعہ کیا جائے تو اس کا تانا بانا اسلامی اساطیر کے ارد گرد بنا گیا ہے۔ پوری داستان میں آغاز تا اختتام طلسماتی فضا چھائی رہتی ہے، جس کی بنیاد میں اسلامی اساطیر پنہاں ہیں۔ اس کے بعد 'قصہ مہر افروز دلبر' میں بھی دیومالائی عناصر ملتے ہیں۔

داستان 'نو آئین ہندی' 'المعروف ملک محمد گیتی افروز' میں بھی اساطیری عناصر موجود ہیں، اس میں ملک محمد کا کئی بار تبدیلِ قالب کا عمل اساطیر کے زمرے میں ہی شامل ہوتا ہے۔

داستان 'رانی کیتکی کی کہانی' میں ہندوستانی دیومالائی عناصر واضح طور پر موجود ہیں۔ اس میں ایک کردار 'اندر' بذات خود دیومالائی کردار کے نام پر ہے، اس کے علاوہ سورج بھان اس کی بیوی اور ادے بھان کو ہرن کے روپ میں ڈھال دینا دیگر کرداروں کا بھبھوت لگا کر او جھل ہو جانا، گٹکے کھا کر ہوا میں اڑ جانا یہ سب ہندو دیومالا کے واضح نقوش ہیں۔ داستان رانی کیتکی کی کہانی میں ہندو اساطیر کی نمائندگی ہوتی ہے۔ اور یہ داستان ہندوستانی دیومالا کے ذریعے ہندوستانی تہذیب کی بہترین عکاسی کرتی ہے۔

مذکورہ بالا داستانوں کے علاوہ اور بھی داستانیں مثلاً بوستانِ خیال، الف لیلیٰ، فسانۂ عجائب، بیتال پچیسی، سنگھاسن بتیسی، شکنتلا اور قصہ مادھونل کام کنڈلا قابل ذکر ہیں۔ الف لیلیٰ میں تبدیلِ قالب کا قصہ، سندباد جہازی، کرداروں کو آدھا پتھر اور آدھا کسی جانور کا کر دینا، دیو نما انسان، آدم خور، سفید انڈا، الہ دین کا چراغ وغیرہ اساطیری جہت کے حامل ہیں۔ اس کے بعد 'فسانۂ عجائب' کا اثر اسطوری پہلو سے مطالعہ کیا جائے تو اس میں بھی اساطیر ساحرہ کا پایا جانا، جانوروں کا انسانوں کی طرح بولنا، اسم اعظم، جادو سے انسانوں کا پتھر کر دینا، شہزادی کے خون سے دریا کا لعل موتی میں تبدیل ہو جانا اور ہیرو کا ہرنیوں کے پیچھے اپنے گھوڑے ڈال دینا جب کہ وہ ہرن نہیں جادوگرنیاں ہوتی ہیں۔ یہ بھی

اساطیری زمرے میں شامل ہیں۔ اس کے علاوہ تبدیلیِ قالب کا واقعہ بھی اساطیری عمل ہے۔ اس طرح یہ داستان بھی ہمیں اساطیر سے لبریز نظر آتی ہے۔

'بیتال پچیسی' اپنے موضوع سے ہی اساطیری عناصر لیے ہوئے ہے۔ بیتال ایک قسم کے بھوت ہوتے ہیں جو انسانوں کی لاشوں کے درمیان رہتے ہیں۔ اس میں پچیس کہانیاں ہیں اور ان تمام کہانیوں میں جو واقعات بیان کیے گئے ہیں وہ ہندو دیومالا اساطیر کے زمرے میں آتے ہیں، جیسے اس میں ایک کہانی بنارس کے راجہ پرتاپ مکت کی کہانی ہو یا مدھومالتی کی کہانی، مہادیو کا واقعہ ہو یا برہمن کے لڑکے کی کہانی سب میں اساطیری عناصر ملتے ہیں۔ اس کے علاوہ 'سنگھاسن بتیسی' کے حوالے سے ڈاکٹر گیان چند مزید لکھتے ہیں کہ:

"ان کہانیوں میں دیومالا کا گہرا اثر ہے۔ بیتال پچیسی سے زیادہ پاتال، اندرلوک، اندر، سمندر، دیوتا، چاند دیوتا، شیر، شیش ناگ، جم کے دوت، دیوی، گندھرو یہ سب بار بار رونما ہوتے ہیں۔۔۔ ایسی تھیلی کہ اس میں کھانے کی جو چیز چاہو نکال لو، ایسی چھڑی جسے لینے والا سب کو دیکھے اور اسے کوئی نہ دیکھے، ایسا لعل جس سے جتنی دولت چاہو مل جائے۔"

(اردو کی نثری داستانیں، ڈاکٹر گیان چند جین، ۱۹۷۸، میسرس نشاط آفسٹ پرنٹرس ٹانڈہ، ص۳۹۷)

مذکورہ بالا اقتباس سے بیان کردہ تمام کردار اور نشانیاں ہندو اساطیر کی نشاندہی کرتے ہیں اور اس پوری داستان میں حیرت و استعجاب کے ذریعے دیومالائی عناصر کی فضا واضح طور پر پائی جاتی ہے۔ اس کے بعد شکنتلا داستان کا ذکر کریں تو اس داستان میں ایک کردار کا نام اندر ہندو اساطیر کی علامت ہے اور خود شکنتلا نام بھی ہندو اساطیر کا کردار ہے۔ جس کا ذکر مہابھارت میں کیا گیا ہے۔

مذکورہ بالا داستانوں میں اساطیر کے اس مختصراً جائزے سے اس بات کی توضیح ہوتی ہے کہ داستان اور اساطیر دونوں ایک دوسرے کے لیے لازم وملزوم ہیں اور بسا اوقات ان میں فرق واضح کرنا مشکل امر بھی ہوتا ہے لیکن دیومالائی عناصر ہر داستان کا ناگزیر حصہ ہے۔ اساطیر کے تخلیقی استعمال سے داستانوں میں زندگی کے مختلف پہلوؤں کی معنویت کو اجاگر کیا گیا ہے اور اساطیر کے ذریعے کائنات اور اس کے اسرار کو سمجھنے کے لیے اس سے کام لیا جاتا رہا ہے اور اس کے ذریعے کائنات کی تشریح کی کوشش دلچسپ اور بصیرت افروز ہے۔

داستانوں کے علاوہ اساطیر نے اپنے اثرات ناول پر بھی مرتب کیے ہیں۔ ناول جو کہ زندگی کا عکاس ہے، اس میں مافوق الفطری عناصر کا ہی نام نہیں بلکہ موت کی حقیقت اور اس کے اسرار و رموز بھی شامل ہیں۔ اس لیے زندگی کے حقائق کی عکاسی کرنے والی صنف ناول میں بھی اساطیر کی چھاپ پائی جاتی ہے۔ اس سلسلے میں اردو ادب میں اگر دیکھا جائے تو سب سے پہلے ناول نگار نذیر احمد کے پہلے ناول 'مراۃ العروس' میں بھی اساطیری عناصر کی جھلک مل جاتی ہے لیکن ان کے ناول 'رویائے صادقہ' میں زیادہ واضح طور پر دکھائی دیتی ہے کیونکہ یہ ناول ایسے کردار کی کہانی ہے جو اپنی آنکھوں میں خواب سجانے کا عادی ہوتا ہے اور اپنے شوہر کی تمام تر باتوں کا جواب اپنے سچے خوابوں کی روشنی میں دیتی ہے۔ اس لیے یہ طرز بیان خواب دیکھنا اور خواب کی رہنمائی میں جواب دینا اساطیری اثرات کی طرف اشارہ کرتے ہیں۔ نذیر احمد کے بعد اردو ناول میں واضح طور پر اساطیری عناصر پریم چند کے یہاں دیکھنے کو ملتے ہیں، ان میں بیوہ، پردۂ مجاز اور گؤدان شامل ہیں۔ ان کا ناول 'بیوہ' میں بیوہ عورت کی زندگی کے بارے میں جس طرح اس کے احساسات وجذبات کا بیان کیا گیا اس کی خواہشات کی جو تصویر کھینچی گئی ہے اس سے ناول

کی فضا میں ہندو اساطیر کے رمز پیدا ہوتے ہیں۔ 'پردۂ مجاز' کے ذریعے ہندو مذہب میں مروج عقیدہ جنم کا سات بار ہونے کو آشکار کیا گیا ہے۔ جیسا کہ ہندو مذہب میں یہ ایک راسخ عقیدہ ہے کہ ہر انسان سات بار جنم لیتا ہے اور اپنے ہر نئے جنم میں پچھلے جنم کی کمیوں اور نامکمل کام کو پورا کرتا ہے۔ اس ناول میں اس کے کردار چکر دھر اور مہندر کمار اور دیگر کردار ہیں اور ان کا مختلف جگہ اور موقع پر الگ الگ جنم ہوتا رہتا ہے۔ لہٰذا اس عقیدے کے مطابق 'پردۂ مجاز' بھی ہندو اساطیر کے زمرے میں شامل ہے۔

ان کا تیسرا ناول 'گؤدان' جو کہ اپنے نام سے ہی ہندو دیومالا کی عکاسی کرتا ہے۔

ناولوں میں اساطیری عناصر کا پایا جانا ابھی ختم نہیں ہوتا بلکہ یہ سلسلہ مزید آگے بڑھتا جاتا ہے۔ ہم دیکھتے ہیں کہ غضنفر بھی اپنے ناول 'کینچلی' کے ذریعے دروپدی کے تناظر میں یہی موضوع قلمبند کرتے ہیں۔

قرۃ العین حیدر کے ناولوں میں بھی اساطیری علامتیں پائی جاتی ہیں۔ ان میں سب سے پہلے ان کا شاہکار ناول 'آگ کا دریا' قابل ذکر ہے۔ آگ کا دریا یہ موضوع بہت وسیع معنویت کا حامل ہے، بڑے بڑے فلسفی، ادیب اور دانشور جس عمل کو زندگی سے موت تک کا سفر کہتے ہیں اس کو قرۃ العین حیدر نے آگ کا دریا کہا ہے۔ اس ناول میں بھی اساطیر پائی جاتی ہیں۔ اس ناول کے بارے میں ایک رجحان یہ پایا جاتا ہے کہ اس میں ایک ہی کردار کے جو مختلف روپ پائے جاتے ہیں وہ ہندو اساطیر کے آواگون یا عقیدۂ تناسخ کا حصہ ہیں، جب کہ قراۃ العین حیدر نے ان کرداروں کو مختصر تبدیلی کے ساتھ اس لیے پیش کیا ہے کیونکہ وہ بدلتے ہوئے ہر عہد کی تہذیب کی نمائندگی کرتے ہیں۔ اسی لیے کرداروں کی ان تبدیلی کو آواگون کی اساطیر نہیں کہا جا سکتا کیونکہ یہ کردار موت سے دوچار ہو کر دوبارہ جنم نہیں لیتے ہیں، بلکہ وقت کے ساتھ تبدیلی کو اختیار کر لیتے ہیں۔ ناول

یں مشترکہ تہذیب کی بہترین مثال قراۃ العین حیدر نے جس طرح مختلف تہذیب کے اساطیری نقوش کو جمع کر کے پیش کی ہے وہ قابل غور ہے، کہ کس طرح انھوں نے اپنی تحریر میں معنویت اور گہرائی پیدا کرنے کے لیے اساطیر کا استعمال کیا ہے۔

قرۃ العین حیدر نے جس خوبصورتی سے مشترکہ اساطیر کو بیان کیا ہے اس کی مثال خال ہی ملتی ہے۔

'آگ کا دریا' کے بعد ان کے دوسرے ناول 'آخر شب کے ہمسفر' میں بھی دیومالائی عناصر پائے جاتے ہیں۔ یہ ناول تمام فنی لوازمات پر پورا اترنے کے ساتھ ساتھ اساطیری تخلیقات کا بھی حامل ناول ہے، جس سے اس ناول کی معنویت اور وسعت میں اضافہ ہو گیا ہے۔

قرۃ العین حیدر کا ایک ناولٹ سیتاہرن' رامائن سے ماخوذ ہے جو کہ ہندو دیومالا کا شاہکار ہے۔ اس ناولٹ میں سیتا کے کردار کے ذریعے جدید عہد کی عورت کی زندگی کو رامائن کی سیتا کی روشنی میں بیان کیا گیا ہے۔

اس پورے ناولٹ کو ہندوستانی اساطیر کا ناولٹ کہا جاسکتا ہے کیونکہ کردار کے ساتھ ساتھ پوری کہانی اسی طرز پر لکھی گئی ہے اس لیے اس کو ہندوستانی اساطیر کا بہترین عکاس کہا جاسکتا ہے۔

راجندر سنگھ بیدی کے ناول 'ایک چادر میلی سی' کا شمار بھی ہندو دیومالائی عناصر میں ہوتا ہے۔ اس ناول میں اساطیر کی بڑی واضح مثالیں پائی جاتی ہیں، اس ناول میں انھوں نے اساطیر کے ذریعے ہی کردار کی نفسیات اور تہذیب واقدار کی عکاسی کرنے کی کوشش کی ہے۔ اس ناول کے آغاز سے ہی ہمیں دیومالائی فضا ملتی ہے۔ اقتباس ملاحظہ ہو:-

"آج شام سورج کی ٹکیا بہت لال تھی۔ آج آسمان کے کوٹلہ میں کسی بے گناہ کا قتل

ہو گیا تھا۔" (ایک چادر میلی سی، راجندر سنگھ بیدی، ۱۹۶۴، پربھات آفسیٹ پریس، دہلی، ص ۱۳)

اس اقتباس سے ہی ایسی فضا کا تصور ہوتا ہے جس میں قتل وخون کا احساس روح کو جھنجھوڑ دیتا ہے اور سورج کا بیان ایک استعارہ ہونے کے ساتھ ہندو دیومالا میں دیوتا اور طاقت کی بھی حیثیت رکھتا ہے۔ اور اس کا لال ہونا اس کے غیظ وغضب کا اشارہ ہے۔ ناول میں جگہ جگہ واقعات کے بیان میں دیومالا کا سہارا لیا گیا ہے جیسے ترشول، دھرم شالہ، بھیرو، بھبھوکا، کرشن، کالی، شیو، پاروتی، دیوی ماں وشنو یہ سارے کردار و علامات ہندوستانی اساطیر کا ناگزیر حصہ ہیں، جس کو بیدی نے بڑی خوبصورتی کے ساتھ اپنے ناول میں شامل کیا ہے۔

ان ناولوں کے علاوہ بہت سے ناول ایسے ہیں جن میں اساطیری عناصر موجود ہیں لیکن تمام کا ذکر بغرض طوالت نہیں کیا جاسکتا۔ ان کا محض ذکر کرنا ہی مناسب ہو گا۔ ان ناولوں میں جیلانی بانو کا 'ایوانِ غزل' ہے۔ اس میں بھی ہندوستانی اساطیر کی کارفرمائی ہے۔ اس کے علاوہ 'ٹیڑھی لکیر' یا اور اس سے آگے بڑھیں تو خدیجہ مستور کے 'آنگن' کے چوکھٹوں میں بھی اساطیر مل جاتی ہیں۔ کرشن چندر کے ناول 'دل کی وادیاں سو گئیں' اور 'شکست' کا بیان ہو ان تمام ناولوں میں اساطیری عناصر کی کارفرمائی پائی جاتی ہے۔

جدید دور کے ناول نگاروں میں صلاح الدین پرویز کا ناول 'نمرتا' بھی اساطیری ناول ہے۔ اس کے علاوہ شموئل احمد کا ناول 'اے دل آوارہ'، سید محمد اشرف کا 'آخری سواریاں'، 'نمبر دار کا نیلا'، پیغام آفاقی کا ناول 'مکان'، عبد الصمد کا 'دو گز زمیں'، کوثر مظہری کا 'آنکھ جو سوچتی ہے' اور خالد جاوید کا 'موت کی کتاب' اور 'نعمت خانہ' یہ وہ ناول ہیں جن میں اساطیری عناصر کی جھلکیاں ملتی ہیں۔

***

۳

اردو ادب میں مضمون کا فن اور اس کا ارتقا

سیدہ جعفر

مضمون کا آغاز

مضمون یا "اسے" (Essay) اپنی اصطلاحی شکل اور اپنے لفظی پیکر کے اعتبار سے مغرب کی دین ہے اور مغرب میں نثر کی ایک ممیز ادبی صنف تصور کیا جاتا ہے۔ فرانس میں مانیتں (Montaigne ۱۵۷۱) نے اس کا آغاز کیا تھا۔ اس صنف کی صورت گری اور تشکیل و نشو و نما کے مختلف محرکات رہے ہیں۔ زندگی کی بڑھتی ہوئی مصروفیت اور ہیئت اجتماعی کے مختلف شعبوں کی روز افزوں گہما گہمی نے طویل ادبی کارناموں کے مطالعے کی فرصت چھین لی۔ 'فرصت کاروبار شوق' کی کمی نے 'ذوق نظارہ جمال' کے نئے معیار اور نئے سانچوں کو متعارف کروایا۔ میقاتی رسالے اور اخبارات کی ترویج نے 'اسے' یا مضمون کی مانگ بڑھادی۔ قاری اب طویل وبسیط کارناموں کے بجائے اسے ادب پاروں کا متمنی تھا جن میں ایجاز و اختصار، ادبی ذوق کی تسکین کے سامان، فکر انگیزی اور زندگی کی مزاج شناسی موجود ہو اور مضمون یا اسے میں ان کی پذیرائی کے امکانات موجود تھے جس نے اس ادبی صنف کو مقبولیت عطا کی اور صنفی اہمیت تسلیم کروائی۔

مانیتں ((Montaigne، Miechael De Montaigne (۱۵۳۳-

۱۵۹۲) نے پہلے پہل اسّے جنیئے قسم کی تحریریں پیش کیں وہ عالمی انشائیہ کا موجد ہے۔سیاسی زندگی سے سبکدوش ہونے کے بعد اس نے اپنے تجربات اور تاثرات نوٹس (Notes) کی شکل میں قلمبند کرنے شروع کیے جس وقت مانیتن یہ نوٹس لکھ رہا تھا اسے یہ گمان بھی نہیں گزرا تھا کہ وہ ادبیات عام میں نثر کی ایک نئی صنف متعارف کروا رہا ہے۔مانیتن نے اپنے ان نوٹس کو 'اے سیز' (Essays) کے نام سے شائع کروایا اور یہ اتنے مقبول ہوئے کہ یورپ اور انگلستان میں ان کے چرچے ہونے لگے۔اور مانتیں کے تتبع میں انگریزی اور دوسری زبانوں سے 'اسّے' لکھے جانے لگے۔

مضمون کی اصطلاح

'اسّے' کی اصطلاح اب ایک متعین صنف ادب کے لیے استعمال ہوتی ہے اس کا ماخذ ایک فرانسسی لفظ Assay ہے جس کے معنیٰ سعی اور کوشش کے ہیں۔ یہ قدیم فرانسسی لفظ Essai سے ماخوذ ہے جس کا لاطینی ماخذ Exgagium(تولنا) ہے Exagere کوشش کرنا اور جانچنا کے معنی میں استعمال ہوا ہے۔

(دی کنگ سائز آکسفورڈ ڈکشنری آف کرنٹ انگلش، ص۳۸۶)

انگریزی میں یہ لفظ املا کے تغیر کے ساتھ فرانسسی ہی سے لیا گیا ہے چاسر Chacer نے لفظ Assay استعمال کیا ہے لیکن تجربے اور جائزے کے معنیٰ ہیں۔ گائلز کے پاس یہ لفظ کوشش اور جدوجہد کے معنیٰ میں استعمال ہوا ہے لفظ 'اسّے' بطور فعل بھی برتا گیا ہے اور اس لفظ کے معنیٰ تجربہ کرنے کے ہیں۔ شیکسپیئر کی تخلیقات میں یہ لفظ Assay کی صورت میں فعل کے طور پر آیا ہے۔

اصطلاح کا استعمال

ابتدائی دور میں اسّے کی اصطلاح اسّے مضامین کے لیے استعمال ہوتی تھی جو بقول

ارل آف برکن ہیڈ (Earl of Birken Head) اس اصطلاح کے 'مستحق' نہ تھے یعنی جن پر پوری طرح اس کا اطلاق نہیں ہوتا تھا جان لاک (John Lock) نے ۱۶۹۰ میں اس اصطلاح کو اپنی ضخیم فلسفیانہ کتاب کے لیے تجویز کیا تھا اور اس کا نام' این اسّے کنسرنگ ہیومن انڈر اسٹانڈنگ'

(An Essay Concerning Human Understanding) رکھا۔ لیکن قاری کو شبہ ہوتا ہے کہ اس نے اپنے اٹھارہ سالہ گہرے مطالعے کے نتائج کو محض ایک جائزہ کہا تھا یا سنجیدہ مسائل میں الجھے رہنے والے ذہن کے لیے تفریح کی چیز سمجھ کر اس کے لیے یہ نام منتخب کیا تھا کیونکہ اسی سال اس نے دو سیاسی رسالے تصنیف کیے اور ان رسالوں کا نام اس نے' ٹِری ٹائز آن سیول گورنمنٹ' (Trestise On Civil Government) رکھا۔ اٹھارویں صدی کے اکثر مصنفین نے جان لاک کی پیش کردہ مثال کی تقلید کی اور 'ایس اے' کے نام پر اسّے نثر پارے کا استعمال کیا جس میں کوئی قصہ بیان نہ کیا گیا ہے۔ جان ڈرائی ڈن (John Dryden) نے ادبی جمالیات (Literary Aesthtics) پر لکھے ہوئے سلسلے کے لیے یہ نام تجویز کیا۔ پوپ (Pope) نے معاشرت پر تنقید کے مجمع کو "این اسّے آن مین" (An essay on Man) کہا۔

مضمون بطور صنف ادب

مضمون یا اسّے کسی خاص موضوع کے بارے میں انشاپرداز کے خیالات اور جذبات کے رد عمل کا پرتو ہوتا ہے۔ یہ ایک ایسا ادب پارہ ہوتا ہے جس میں بیک وقت فکر انگیزی خیال کی اعتمادی تاثرات کی دلفریب ترجمانی اسلوب کا نکھار اور تصور کی لطافت سب ہی عناصر سموئے ہوئے ملتے ہیں۔ مضمون ہمارے ذہن کو ایک خاص ذوق آگہی بخشتا اور ہمارے جذبات میں ایک انبساط پرور تازگی اور تابناکی پیدا کرتا ہے۔ خواہ اس کا

موضوع 'آرائش خم کا کل' ہو یا -'اندیشہ ہائے دور دراز' کی قبیل کا۔ مضمون کی صنف میں بڑی لچکداری اور اس کے موضوعات میں خاصی گہرائی اور وسعت ہے۔ اس صنف ادب کے وسیلے سے بہت سے کام لیے گئے ہیں۔ کبھی یہ صنف سماجی اور ذہنی بیداری کے حربے کے طور پر استعمال ہوئی ہے تو کبھی اصلاحی اور افادی مقصد کی اشاعت کے لیے۔ کبھی انسانی جذبات کی حسین اور رنگین مرقع کشی کے لیے۔ مضمون یا اسّے کے ذریعے سے مزاح اور ظرافت کی پھلجڑیاں بھی چھوڑی گئی ہیں اور طنز کے تیر بھی برسائے گئے ہیں لیکن ہر صورت میں مضمون کی صنف سے اس کا یہ مقصد وابستہ رہا ہے کہ وہ انسانی جذبات اور خیالات کی عکاسی کرے۔

مضمون کی ماہیت

مضمون کی ماہیت اس کی ٹکنک اور اس کے فنی خدوخال کے بارے میں بھی مختلف ادیبوں اور نقادوں نے مختلف تصورات اور اصول پیش کیے ہیں۔ جی ای ہڈسن (G. E Hudson) اپنی کتاب انگلش لٹریچر (English Literature) میں اسّے کی تعریف کرتے ہوئے لکھتا ہے:

"اسّے الفاظ کا مجموعہ نہیں ہوتا جو بغیر کسی مقصد کے باہم جوڑ دیے گئے ہوں۔ اسّے قصداً سوچا سمجھا اور آسان لیکن مربوط اصولوں کی مدد سے مناسب انداز میں اس شخص، چیز یا خیال کے متعلق ایک جائزہ ہوتا ہے جو مضمون نگار کو دلچسپ اور اہم معلوم ہو"۔

(جی ای ہڈسن۔ انگلش لٹریچر، باب چہارم، ص ۲۲۷)

اوپر کے اقتباس سے یہ ظاہر ہوتا ہے کہ ہڈسن کے خیال میں مضمون یا اسّے کو ایک خاص مقصد کی نمائندگی کرنی چاہیے۔ اور یہ کہ اس کے کچھ مربوط اور منظم اصول بھی ہوں جن کی روشنی میں وہ کسی خاص شخص چیز یا خیال کا جائزہ لے سکے لیکن اے چ

واکر(Hugh Walker) اس تصور سے اختلاف کرتا ہے۔ اس نے اپنی کتاب انگلش اسیز اینڈ ایسیسٹس (English Essays and Essayists) میں لکھا ہے کہ اسّے (مضمون) ایک ایسی صنف ہوتی ہے جو باقاعدہ اور سخت اصولوں میں جکڑی ہوئی نہیں ہوتی بلکہ یہ ایک آزاد قسم کی تحریر ہوتی ہے۔ واکر نے اپنے اس خیال کی تائید میں ڈاکٹر جانسنکا قول بھی نقل کیا ہے۔ لکھتا ہے:

"اسّے (مضمون) کیا ہے اس سوال کے متعلق دو تصورات ہیں ایک تو یہ کہ وہ مختصر مضمون ہوتا ہے۔ دوسرے یہ کہ اسّے آزاد تحریر ہوتی ہے۔ موخر الذکر ڈاکٹر جانسن کا تصور ہے جو نہ صرف ایک عظیم انشاپرداز بلکہ خود ایک ممتاز ایسیسٹ بھی تھا۔ اس نے اسّے کی تعریف ان الفاظ میں کی ہے کہ 'اسّے' ذہن کی آزاد پیداوار اور ایک غیر تحلیل شدہ چیز ہوتی ہے نہ کہ باقاعدہ اور باضابطہ تحریر۔"

(ایچ واکر۔ انگلش ایسیز اینڈ ایسیسٹس۔ باب اول، ص ۱)

مضمون کی تعریف

"آکسفورڈ ڈکشنری نے ان دونوں تعریفوں کو جوڑ کر اسّے کی فنی وضاحت کرنے کی کوشش کی ہے اور یہ بتایا گیا کہ اسّے معقول طول کی ایک ایسی تصویر ہوتی ہے جس میں تکمیل کا احساس تشنہ رہ جائے" یعنی یہ کہ کسی خاص موضوع پر انشاپرداز کے جذبات اور تاثرات 'اسّے' کو ظاہر کرتا ہے۔ اشیا کی نوعیت کے متعلق فیصلے صادر کرتا اور کوئی قطعی رائے دینا 'اسّے' کے فرائض میں داخل نہیں۔" (دی آکسفورڈ انگلش ڈکشنری، ص ۳۲۷)

مرے (Mure) بھی اسی خیال کا حامی ہے۔ نقادوں اور انشاپردازوں نے اسّے کی مختلف تعریفیں کی ہیں۔ ان تعریفوں میں اتنا اختلاف اور ایسی رنگارنگی ہے کہ 'کثرت

تعبیر' نے اسّے کو 'خواب پریشاں' بنا دیا ہے۔

"ارل آف برکن ہیڈ (Earl of Birken Head) نے آکسفورڈ ڈکشنری واکر اور جی ای ہڈسن کی تعریفوں کے برخلاف ہنڈرڈ بسٹ انگلش ایسیز میں (Hundred Best English Essaya) یہ بتایا ہے کہ اسّے آرٹ کا ایک ایسا طریقہ عمل ہے جو محض اس لیے ہوتا ہے کہ انشاپردازی اپنی یادگار باقی رکھے اور اس عمل میں ایسیسٹ کو ایسی ہی مسرت حاصل ہوتی ہے جیسی کسی دوسرے شخص کو اس کے باغ گھوڑوں اور دوستوں سے حاصل ہوسکتی ہے۔" (باب اول، ص ۱)

ارل آف برکن ہیڈ نے اسّے کا جو تصور پیش کیا ہے اس سے یہ ظاہر ہوتا ہے کہ اس صنف کا مقصد محض مسرت بخشا اور دلچسپی عطا کرنا ہے۔ مصنفین اور نقادوں نے اسّے کی تعریف کے بارے میں اتنے متنوع خیالات کا اظہار کیا ہے کہ بقول ہنری ہڈسن (Henry Hudson) اگر ہم ان کے ذریعے سے اسّے کی صنف کو سمجھنے کی کوشش کریں تو تصورات کے اس اختلاف اور انشا میں اسّے کی ماہیت گم ہوتی نظر آتی ہے۔

(ولیم ہنری ہڈسن۔ انٹروڈکشن ٹو دی اسٹیڈی آف لٹریچر، ص ۳۳۱)

اس کا سبب ہڈسن نے یہ بتایا ہے کہ اسّے کے مواد اس کے موضوعات اس کے مقاصد اور اسالیب میں اتنی ہمہ گیری اور بوقلمونی ہے کہ نقاد کے لیے یہ بہت مشکل ہوتا ہے۔ کہ چند اصولوں اور ضوابط میں اس کے وسیع تصور کا احاطہ کرسکے۔

(انٹروڈکشن ٹو دی اسٹڈی آف لٹریچر، ص ۳۳۱)

اپنی کتاب انٹروڈکشن ٹو دی اسٹڈی آف لٹریچر (Introduction to the Study of Literature) میں ہڈسن نے اسّے کی صنف کے بارے میں اپنے اس تصور کی وضاحت کی ہے۔ ادب میں شاید ہی کوئی صنف اتنی متنوع اقدار کی حامل اور مابہ

النزاع ہو گی جتنی کہ اسے کی صنف ہے۔ (Usage) نے تو یہاں تک کہہ دیا ہے کہ اسے کے لیے نثر کی بھی قید نہیں۔ (ایچ واکر: انگلش ایسیز اینڈ ایٹس، باب اول، ص ۳)

یہ خیال غالباً اس لیے ظاہر کیا گیا ہے کہ انگریزی ادب میں لفظ اسے نثر سے پہلے نظم کے لیے استعمال ہوا ہے۔ انگریزی کے اولین مضمون نگار بیکن (Bacon) کے مضامین سے پہلے اسے کا لفظ نظم کے لیے استعمال ہوا تھا۔ مثال کے طور پر ہم اسے آف اے پر نٹس ان دی ڈی وائن آرٹ آف پوئٹرک (Essay of a Prentice in the Devine Art of Poetric) کو لے سکتے ہیں۔ اس کے بعد بھی اسے کا لفظ نظموں کے لیے استعمال ہوتا رہا۔ اٹھارھویں صدی میں اسے آن کرئی ٹیسیزم (Essay on Criticism) اور انیسویں صدی میں اسے آن مین (Essay on Man) اس کی عمدہ مثالیں ہیں۔

"بعض نقادوں کے خیال میں اسے یا مضمون ایک نہایت سہل اور سطحی صنف ادب ہے۔ کریبل (Crable) کہتا ہے کہ اسے لکھنا ان مصنفین کے لیے موزوں ہے جن کے پاس گہری معلومات اور ادب کا ذاتی جوہر موجود نہیں ہوتا۔

(ولیم ہنری ہڈسن۔ این انٹروڈکشن ٹو دی اسٹڈی آف لٹریچر، ص ۳۴)

کریبل کے بر خلاف سان بیو (San Bue) اسے کو ادب کی مشکل ترین صنف سمجھتا ہے اور اسے نہایت محو کن اور خوشگوار اور ادب پارہ تصور کرتا ہے۔ اس کے خیال میں اسے کچھ سطحیت برداشت نہیں کر سکتا۔ ایک اور نقاد اسمتھ (Smith) نے ارل آف برکن ہیڈ کی طرح اسے کے خالص ادب ہونے پر زور دیا ہے۔

مندرجہ بالا تعریفوں سے زیادہ ایڈمنڈ گوس (Edmund Gosse) کی یہ تعریف جامع اور قابل قبول معلوم ہوتی ہے جس میں اس نے ان تمام تصورات کا نچوڑ

اور حاصل پیش کر دیا ہے۔ لکھتا ہے۔ "اسّے معقول طریقے کا ایک نثری خاکہ ہوتا ہے جس میں قواعد اور ضوابط کی پابندی سے آزاد ہو کر سرسری انداز میں کسی شئے یا موضوع پر مختلف زاویوں سے روشنی ڈالتے ہوئے ذاتی خیالات اور احساسات کو دلنشیں پیرائے میں بیان کیا جاتا ہے۔"

(اعجاز حسن: نئے ادبی رجحانات، ص ۲۴۷)

مضمون کا طول

انسائیکلوپیڈیا آف برٹانیکا میں اسّے اور اس کے طول کے متعلق یہ لکھا ہے کہ یہ اوسط طول کا کمپوزیشن ہوتا ہے۔

(انسائیکلوپیڈیا۔ انسائیکلوپیڈیا ایڈیشن ۱۴، جلد ۸، ص ۷۱۶)

ایچ واکر (Hugh Walker) کا طول مختصر ہونا ضروری نہیں سمجھتا۔ اس کا کہنا ہے کہ ادب میں طویل انشایئے لکھے گئے ہیں جیسے جان لاک (John Locke) کا اسّے کنسرننگ ہیومن انڈر اسٹینڈنگ (An Essay Concerning Human Understanding) لیکن جی ای ہڈسن (G۔E Hudson) لکھتا ہے کہ یہ دونوں تصانیف اسّے کے طول کی سرحدوں سے آگے بڑھ گئی ہیں۔ جس طرح اسّے کی تعریف کے بارے میں ادیبوں اور نقادوں میں اختلاف رائے ہے اسی طرح اسّے کے طول کے متعلق بھی نقاد متفق نہیں ہیں۔ اسّے کی وسعت پر روشنی ڈالتے ہوئے انگلش لٹریچر میں ای وی ڈان (E۔V Don) لکھتا ہے کہ اسّے کا موڈ اور اس کا موضوع اس کے طول کا تعین کرتا ہے۔ اس نے طویل اسّے میں فرانسس بیکن (Francis Bacon ۱۵۶۱-۱۶۲۶) کے اسّے آف اڈورسٹی (Essay of Adversity) کا حوالہ دیا ہے جو چار سو الفاظ پر مشتمل ہے۔ اور اس نے ڈی کوئنسی (De Quency) کے اسّے مرڈر ایز اے

فائن آرٹ (Murder As A Fine Art) کا تذکرہ کیا ہے جو ۲۴ ہزار الفاظ میں لکھا گیا ہے۔ اور یہ بتانا چاہا ہے کہ اسّے کے طول کو ہم اصول اور قوانین کے ذریعہ سے مقرر نہیں کر سکتے۔ بلکہ اسّے کا مواد اور اس خاص موضوع پر مضمون نگار کے روشنی ڈالنے کا انداز اس کے طول کو گھٹاتا اور بڑھاتا رہتا ہے۔

(ای وی ڈان: انگلش لٹریچر، باب ۵، ص ۱۶۷)

مضمون کا موضوع

اسّے کی تعریف اور اس کے طول کی بحث کے بر خلاف مضمون یا اسّے کے موضوع کے متعلق نقادوں اور انشا پردازوں نے جن خیالات کا اظہار کیا ہے ان میں بڑی حد تک اتفاق رائے پایا جاتا ہے۔ ڈبلیو ایچ ہڈسن اسّے کے موضوع کی وضاحت کرتے ہوئے لکھتا ہے۔ اسّے کا موضوع غیر محدود ہوتا ہے۔ ایچ واکر (Walker-H) نے بھی اسّے کے موضوع کو غیر محدود اور وسیع بنایا ہے اور لکھا ہے۔ "ستاروں سے لے کر خاک کے ذروں اور امیبا سے لے کر انسان تک کوئی موضوع ایسا نہیں ہے جو کسی اسّے کا موضوع بحث نہ بن سکتا ہو"۔ (A loose salley of mind unirregular undigested piece) نے بتایا ہے اس کو عدم تکمیل کا احساس اسّے یا مضمون کے موضوع پر کوئی پابندی عائد نہیں ہوتی۔ مضمون نگار مواد اور عنوان کے انتخاب میں آزاد ہوتا ہے اور وہ چھوٹی سے چھوٹی یا عظیم سے عظیم حقیقت کو اپنے مضمون میں پیش کر سکتا ہے اس طرح دنیا کی کوئی بھی چیز مضمون کا موضوع بن سکتی ہے۔

اسمتھ کا خیال ہے کہ:

"دنیا ہر طرف موضوعات برسا رہی ہے صرف انسان کو ہم آہنگ ہونے کی دیر ہے۔"

(اعجاز حسین: نئے ادبی رجحانات، ص۲۴۸)

مضمون کی قسمیں

مضمون یا اسّے کی مختلف قسموں اور اس کی جماعت بندی کے طریقوں کی وضاحت کرتے ہوئے ارک مک کالون Eric Mc Collon لکھتا ہے۔

اسّے کی کئی قسمیں ہیں جن میں بڑا تنوع پایا جاتا ہے۔ ان میں سب سے اہم یہ قسمیں ہیں:

-۱ ادبی مضامین: اس میں انگریزی کے تمام عظیم ترین اسّے لکھنے والوں کی تحریریں شامل ہیں۔ بیکن، ایڈیسن، لیمپ، ہیزلٹ اور لی ہنٹ کے مضامین سے لے کر حالیہ انشا پردازوں رابرٹ لینڈ، جی کے چسٹرٹن اور میکس بیولر کے مضامین تک شامل ہیں۔ ادبی انشائیہ نگار اس صنف کو اپنے ذاتی خیالات اور فلسفہ حیات سمجھانے کے لیے استعمال کرتے ہیں۔

۔۲ تنقیدی مضامین: اس عنوان کے تحت اشیا اور موضوعات کے مطالعے آسکتے ہیں جیسے مکالمے کا مضمون جو لارڈ کلائیو پر لکھا گیا ہے۔

(ارک میک کالون۔ اے ریفرنس کورس آن اسّے۔ رپورٹ اینڈ پرسی رائٹنگ، ص ۲۶)

آگے چل کر ارک مک کالون نے صحافتی مضامین، سائنٹفک مضامین واقعاتی اور تاریخی مضامین وغیرہ کا ذکر کیا ہے۔ مصنف نے مضامین کی جو تقسیم کی ہے اس میں مضمون کی تمام اہم قسمیں آگئی ہیں۔ مضمون میں چونکہ سماجی، سیاسی، تاریخی اخلاقی اور فلسفیانہ موضوعات پر روشنی ڈالی جاتی ہے اس لحاظ سے انھیں ارک مک کالون نے زمرو ں میں تقسیم کیا ہے۔ مرتب مقالہ نے باب آٹھ اور نو میں مضامین کی اسی طرح تقسیم کی

ہے Hugh Walker نے اس قسم کے مختلف موضوعات پر لکھے ہوئے مضامین کو ایک زمرے میں رکھا ہے۔ اس طرح واکر نے مضامین کی صرف دو قسمیں بتائی ہیں۔ موخر الذکر کو وہ 'بہترین' Par excellence 'پارا گسی لنس' کہتا ہے اور اول الذکر کو 'عام' موضوعات سے متعلق تعبیر کرتا ہے۔

مضمون کی خصوصیات

ہمارے ذہن میں یہ سوال پیدا ہوتا ہے کہ وہ کون سی خصوصیات ہیں جو اسّے یا مضمون کو دوسری تحریروں سے ممتاز بناتی ہیں۔ اسّے یا مضمون کے اقتضا اور اس کی خصوصیات کی وضاحت کرتے ہوئے Virginia woolf ورجینیا وولف لکھتی ہیں:

"اسّے میں جو اصول کارفرما دکھائی دیتا ہے وہ یہ ہے کہ وہ مسرت میں اضافہ کرے اسّے کو اسی مقصد کی تکمیل کرنی چاہیے۔ اسّے اپنے پہلے لفظ ہی سے ہم پر ایسا جادو کرے جو اس کے آخری لفظ ہی پر ٹوٹے۔"

(ورجینیا وولف۔ ماڈرن اسّے (مضمون) کامن ریڈر، ص ۲۶۷)

اس سے واضح ہوتا ہے کہ دلچسپی پیدا کرنا اور قائم کرنا اسّے کا پہلا فرض ہے۔ مختلف اصناف ادب میں دلچسپی پیدا کرنے کے لیے مختلف عناصر سے کام لیا جاتا ہے۔ افسانہ اور ناول میں کہانی، نظم میں غنائیت اور اسّے میں دلچسپی۔ دلچسپی کا فقدان اسّے کی موت ہے۔ مضمون نگار دلچسپی قائم رکھنے کے لیے مختلف وسیلوں اور مختلف طریقوں سے کام لیتا ہے۔ کہیں اسلوب بیان کی دلکشی، کہیں خیالات و جذبات کی ندرت اور کہیں مزاح اور طنز کے ذریعے سے وہ قاری کی توجہ اپنی طرف مبذول رکھتا ہے۔

اسّے کی ایک اہم خصوصیت یہ ہے کہ وہ ادیب کی شخصیت اس کے مذاق، جذبات اور تاثرات اور اس کے نظریہ حیات کی ترجمانی کرے اور اسّے کے آئینے میں مضمون

نگار کی ذات اس کے فن شعور اور ادبی مزاج کا عکس نمایاں طور پر دکھائی دے۔ اسّے کی ان ہی خصوصیات کو پیش نظر رکھتے ہوئے مانیتس Montiagne نے جو اسّے کا باوا آدم سمجھا جاتا ہے لکھا ہے "میں اسّے میں اپنی تصویر کھینچتا ہوں" اس بات کو پریچڈ Prichard 'شخصیت کا اظہار' کہتا ہے۔ شخصیت کے اظہار کی وضاحت کرتے ہوئے وہ لکھتا ہے اس سے کسی فن کار کی ذات بے نقاب ہوتی ہے۔ پریچڈ اپنی کتاب گریٹ ایسیز آف آل نیشنز Great Essays of All Nations میں لکھتا ہے:

"اسّے اپنی اس خصوصیت میں شاعری سے مشابہ ہے۔ (ایف ایچ پریچڈ۔ گریٹ ایسیز آف آل نیشنس، ص ۴)

ڈبلیو ہڈسن کا کہنا ہے کہ اسّے لازمی طور پر شخصی جذبات و خیالات کا اظہار ہوتا ہے اس کی دانست میں مضمون یا اسّے کا مرکزی تصور یہ ہے کہ وہ بحث کے دوران مضمون نگار کے ذہن اور اس کے کردار کو راست طور پر نمایاں کردے۔ الیگزنڈر اسمتھ Alexender Smits نے بھی اسّے میں داخلیت کی اہمیت پر زور دیا ہے۔ ورجینیا وولف بھی ہڈسن اور اسمتھ کی ہم خیال ہے۔

مضمون، مقالہ اور انشائیہ کا فرق

انگریزی ادب میں اسّے رسمی اور غیر رسمی یعنی فارمل اوران فارمل ہوتا ہے۔ موخر الذکر کو Parexcellence کا نام دیا گیا ہے۔ اردو میں مقالہ، مضمون انشائیہ اپنے ادبی مزاج اور بعض وقت موضوع کے اعتبار سے ایک دوسرے سے ممیز کیے گئے ہیں۔ وزیر آغا لکھتے ہیں کہ انشائیہ اس نثری صنف کا نام ہے جس میں انشائیہ نگار اسلوب کی تازگی اور نئے انداز فکر کا مظاہرہ کرتے ہوئے تخلیقی مفاہیم کو کچھ اس طرح گرفت میں لیتا ہے کہ انسانی شعور اپنے مدار سے ایک قدم آگے آکر نئے مدار کو وجود میں لانے میں

کامیاب ہو جاتا ہے۔ وزیر آغا نے انشائیہ کے خد و خال میں ورجینیا وولف لیوئس رابرٹ لینڈ اور بریسٹلے گارڈ وغیرہ کو انگریزی کے نمائندہ انشائیہ نگار بتاتے ہوئے انشائیہ اور مقالے کا فرق اس طرح واضح کیا ہے کہ مقالے کی نسبت انشائیے کا ڈھانچہ کہیں زیادہ لچکیلا elastical ہوتا ہے اس میں مقالے کی سنگلاخ کیفیت موجود نہیں ہوتی۔

(ایف ایچ پریچڈ گریٹ ایسیز آف آل نیشن، ص ۴)

اکبر حمیدی انشائیے کے بارے میں اپنی کتاب 'جدید اردو انشائیے' میں لکھتے ہیں۔ انشائیہ میں پند و عظمت اور رشد و ہدایت کا رنگ غالب نہیں ہوتا۔ موزے تنگ کے الفاظ میں 'ادب کو پوسٹر نہیں بننا چاہیے'۔ ادب میں سب سے زیادہ اہمیت اس لطف و مسرت کو حاصل ہوتی ہے جو ہم کسی ادب کے ذریعے اکتساب کرتے ہیں اور جس میں مقصدیت جاری وساری ہوتی ہے۔ آگے چل کر تحریر کیا ہے:

"انشائیہ نگار ان سب کو جتنے بڑے انداز میں جتنی زیادہ دلکشی سے جتنے زیادہ موثر اسلوب میں جتنے زیادہ نئے پن کے ساتھ کہے گا وہ اتنا ہی بڑا انشائیہ نگار کہلائے گا۔"

(اکبر حمیدی: جدید اردو انشائیہ، ص ۹، اکاری ادبیات پاکستان ۱۹۹۱)

***

۴

اردو ادب میں خواتین کی نیرنگیاں

معزہ (قاضی) دلوی

ادب معاشرے کا عکاس ہوتا ہے اور معاشرہ وجودِ زن کے بغیر نامکمل۔ چونکہ ادب اور سماج کا گہرا رشتہ ہے لہٰذا ادب کا تصور بھی سماج کے بغیر نامکمل ہے۔ خدا نے حوا کو آدم کی پسلی سے پیدا کیا اور دنیا آباد کی۔ ہر زمانے میں سماج الگ الگ انداز سے وجود میں آتا گیا جس میں خواتین کو کبھی عزت کا مقام حاصل ہوا تو کبھی وہ خستہ حالی کا شکار ہوئیں۔ وقت کا پہیہ کئی زاویوں پر آگے بڑھتا رہا اور مردوں کے ساتھ ساتھ خواتین کے بھی عروج و زوال کے پیش نظر اس نے مصلحین کو بھی جنم دیا جن کی دی ہوئی تعلیم و تربیت کے تحت ایسی تحریریں منظر عام پر آئیں جو اپنے عہد کے زبان و ادب کا حصہ بنتی گئیں۔

۱۸۵۷ کی پہلی جنگِ آزادی ہندوستانی تاریخ اور بالخصوص مسلمانوں کے زوال کی تاریخ کا ایسا سیاہ ورق ہے جس نے مسلمانوں کے شاندار ماضی کو نیست و نابود کرنے میں کوئی کسر باقی نہیں رکھی۔ مغلیہ سلطنت کے زوال اور پہلی جنگ آزادی کی وجہ سے ہندوستان میں سیاسی تبدیلیوں کے ساتھ ساتھ تہذیبی تبدیلیاں بھی رونما ہوئیں۔ اس قیامت خیز جنگ آزادی نے بزرگانِ قوم و ملت کی ذہنیت، خیالات، افکار اور رجحانات میں ایسا تلاطم برپا کیا کہ ان کے دلوں میں ایک نئے احساس نے انگڑائی لی اور نئی منزل کو

پانے کی لگن کے ساتھ روشن صبح کا خیر مقدم کرنے کے لیے انھوں نے اپنے قدموں کے رخ موڑ دیے۔ مصلح قوم نے جن راستوں کا انتخاب کیا ان میں ایک راستہ مردوں کی تعلیم، دوسرا سماجی و معاشرتی اصلاح اور تیسرا راستہ تعلیمِ نسواں کی جانب جا رہا تھا۔ وجودِ زن سے تصویرِ کائنات میں بکھرے ہوئے خوشنما رنگ بدنما ہوتے دکھائی دینے لگے تو انھیں دوبارہ خوشنما بنانے کا سفر تحریکِ تعلیمنسواں سے شروع ہوا۔ ڈپٹی نذیر احمد نے ناولوں کی مدد سے لڑکیوں کی تعلیم و تربیت کی طرف قدم اٹھایا۔ شیخ عبد اللہ (علی گڑھ)، شیخ عثمان (پونے) اور جسٹس بدرالدین طیب جی (ممبئی) اور دیگر ان نے لڑکیوں کے لیے مدرسے قائم کیے۔ سید احمد دہلوی، شیخ عبد اللہ، مولوی ممتاز علی جیسی ہستیوں نے صحافت کے ذریعے خواتین کی تعلیم و تربیت کی اور سب سے اہم بات یہ کہ انھوں نے اپنے ساتھ خواتین یعنی اپنی اپنی اہلیاؤں ہی کو اس کارِ خیر میں شامل کر کے خواتین کی جہالت اور بے علمی کو دور کرنے کا بیڑا اٹھایا اور ان کے ایسے گروہ کو ترتیب پانے میں مدد کی جو تصنیف و تالیف اور اصلاحی کاموں کے ذریعے خواتین کو اپنا وجود منوانے میں مددگار ثابت ہوا۔ خواتین تعلیم کے میدان میں قدم بڑھاتی چلی گئیں اور ادب میں اپنی شناخت بنانے میں مصروف کار رہیں۔

۱۸۵۷ کے بعد خواتین اپنی تعلیم و تربیت اور اصلاح کے پہلے دور میں تھیں۔ اس دور میں ضعیف الاعتقادی، جہالت، مردوں اور بطور خاص خواتین میں تعلیم کی کمی اور فرسودہ رسم و رواج سے پھیلی ہوئی خرابیوں نے انھیں روشن زندگی سے محروم کر دیا تھا۔ ڈپٹی نذیر احمد (۱۸۳۶-۱۹۱۲) نے اصلاحی پہلو کو مد نظر رکھتے ہوئے ناول تحریر کیے۔ اسی عہد میں بہار کے عظیم آباد (پٹنہ) کی رہنے والی رشید النسا نے ۱۸۸۱ میں اصلاح النسا کے نام سے ایک ناول لکھا جسے بقول رشید النسا، ان کے بیٹے محمد سلیمان نے تیرہ برس ردّی

میں پڑی کتاب کو ۱۸۹۴ میں چھپوایا اور اس کا نام اصلاح النسار کھا گیا۔ اس ناول میں مصنفہ نے خواتین کے غیر ضروری شوق، بدعتوں اور جہالت دور کرنے کی غرض سے ڈپٹی نذیر احمد کے ناول کا حوالہ دیتے ہوئے سو میں سے پچھتر لڑکیوں کے اصغری بننے کی امید پر اطمینان کا اظہار کیا اور سر سید کے اس خیال سے کہ مرد جب تعلیم یافتہ ہوں گے تو وہ خود اپنے گھر کی لڑکیوں کی تعلیم پر توجہ دیں گے، سے اختلاف کرتے ہوئے یہ خیال پیش کیا کہ :

۔"جب لڑکیاں شائستہ اور تعلیم یافتہ ہو جائیں گی تو لڑکوں کا تعلیم پانا کچھ مشکل نہ ہو گا۔"۱

خواتین کے ادب میں ناول اصلاح النسا کو بنیادی حیثیت حاصل ہے۔ یہ ناول اس لیے بھی اہمیت کا حامل ہے کہ ایک طرف تو یہ تحریک تعلیم نسواں کو تقویت پہنچاتا ہے اور دوسری طرف طبقۂ نسواں کی اصلاح کے راستے ہموار کرنے میں مددگار ثابت ہوا ہے۔ اردو ادب میں خواتین کی ناول نگاری کا اولین نقش چھوڑ جاتا ہے۔ ایک جانب اس طرح کے ناول تھے اور دوسری جانب خواتین کے لیے جاری کردہ وہ رسائل تھے جن کا مقصد خواتین میں تعلیمی ذوق و شوق پیدا کرنا تھا۔ خواتین کے اس کاروان ادب کی چند ناول نگار خواتین کے نام اکبری بیگم (۔۔۔)، صغرا ہمایوں مرزا (سرگذشت ہاجرہ)، محمدی بیگم (سگھڑ بیٹی)، طیبہ بیگم خدیو جنگ (انوری بیگم)، نذر سجاد حیدر کی پھوپھی اور قرۃ العین حیدر کی نانی والدہ افضل علی (گودڑ کا لال)، خجستہ اختر سہروردی (آئینۂ عبرت)، ظفر جہاں بیگم (افسری بیگم)، نذر سجاد حیدر (حرماں نصیب)، اے آر خاتون (شمع، تصویر)، حمیدہ سلطان وغیرہ ہیں۔

آج کے سائنسی اور ٹیکنالوجی کے اس دور میں مردوں کے ساتھ ساتھ خواتین بھی

قدم بڑھا رہی ہیں۔ اس حقیقت کو ایک ہندوستانی خاتون رقیہ سخاوت حسین نے ۱۹۰۸ میں قرطاس کی زینت بنایا۔ اپنے انگریزی ناول Sultana's Dream میں خواتین کی مملکت (لیڈی لینڈ) بسا کر خواتین کو سائنس اور ٹیکنالوجی سے کچھ اس طرح جوڑ دیا کہ سائنس میں ان کی برتری حاصل ہونے کے امکانات واضح ہو گئے۔ بنگلہ دیش کی مصنفہ روشن جہاں رقمطراز ہیں :

اس حوالے سے رقیہ صرف عورتوں کی تعلیم کی سادہ سی بات نہیں کر رہی تھیں بلکہ ایسی تعلیم کی بات کر رہی تھیں جو عورتوں کو سائنس کے میدان میں برتری دلائے۔ ۲

گو کہ یہ ناول انگریزی زبان میں لکھا گیا تھا اس لیے ممکن ہے کہ اردو ادب کی زنبیل میں اس کے لیے کوئی گوشہ نہ ہو لیکن اس ناول کا ذکر اس لیے ضروری ہے کہ جب بھی مسلم معاشرے کی ناول نگار خواتین کی بات ہو گی، Sultana's Dream کی بجائے سلطانہ کا خواب کا ذکر ہونا لازمی ہے۔

سید احمد دہلوی نے خواتین کی اصلاح اور تعلیم و تربیت کی غرض سے ۱۸۸۱ میں دہلی سے اخبار النسا جاری کیا۔ ان کے بعد بہت دقتوں کے ساتھ شیخ عبد اللہ نے رسالہ خاتون، مولوی ممتاز علی نے رسالہ تہذیب النسواں، راشد الخیری نے رسالہ عصمت جاری کیے۔ ان رسائل نے بھی خواتین کی تعلیم و تربیت اور ان کی اصلاح کے لیے ایک ایسی خوش گوار فضا تیار کی جس کی بدولت خواتین کا علمی و ادبی کارواں بنتا چلا گیا اور ناول نگاروں کے علاوہ خواتین مضمون نگار، افسانہ نگار، طنز و مزاح نگار اور شاعرات نے اپنے تخلیقی کارناموں کی بدولت اردو ادب کے فروغ میں اہم کردار ادا کیا۔ ان بنیادی تعلیم یافتہ اور ادب نواز خواتین کے بعد کئی اور نظم و نثر نگار خواتین کی شمولیت سے یہ کارواں آگے بڑھتا رہا اور اردو ادب کے سرمایے میں بھرپور اضافہ کرتا رہا۔ مذکورہ بالا مصلحین قوم کے

علاوہ دیگر مصلحین نے بھی خواتین کی تعلیم و تربیت کی غرض سے رسالے جاری کیے جن میں بہت سی خواتین نے مضامین شائع کر کے اپنی قابلیت کے نمونے پیش کیے۔ اس ضمن میں مولوی ممتاز علی کی اہلیہ محمدی بیگم، عباسی بیگم، امت الکریم، امت الوحی، نذر سجاد حیدر، نجستہ سہروردی، خاتون اکرم، آمنہ نازلی، خواجہ بانو، اے آر خاتون کے علاوہ اور اہم نام بھی ہیں جنھوں نے اپنے مضامین کے ذریعے معاشرے کی تربیت کا بیڑہ اٹھایا اور بہترین مضامین سے اردو ادب کے خزانے میں بیش بہا اضافہ کیا جن میں محمدی بیگم، صغرا ہمایوں مرزا، وحیدہ یعقوب، آبرو بیگم، بیگم شیخ عبداللہ وغیرہ کو اولیت حاصل ہے۔ عباسی بیگم (مجموعۂ مضامین: گل صحرا)، نذر سجاد حیدر، نجستہ سہروردی، امت الکریم (تعلیم کے متعلق)، امت الوحی (قوموں کی ترقی میں عورتوں کا حصہ)، عطیہ فیضی (مسلمانوں کو ایک پیغام)، زہرا فیضی (صحت بڑی نعمت ہے) کے بعد نفیس دلہن (نفسِ وفا)، ظفر جہاں بیگم (قوم کسے کہتے ہیں)، بیگم ڈاکٹر عبدالغفور (آمیزشِ غذا کا اثر صحت پر)، عظمت النسا بیگم (دنیا کو لوگ بری جگہ کیوں کہتے ہیں)، حجاب امتیاز علی (ابا جان کی گھڑی)، خاتون اکرم (تغیراتِ زندگی)، آمنہ نازلی، راج کماری جھنگن، اور لیلیٰ خواجہ بانو قابل ذکر ہیں۔ ان کے بعد ۱۹۳۶ تک مختلف موضوعات پر مضامین لکھنے والی خواتین میں اے آر خاتون (خواتین کے محاورے)، صالحہ عابد حسین (تحریکِ آزادی میں عورتوں کا حصہ) کے علاوہ کئی اہم نام ملتے ہیں۔ تمام مضامین میں لڑکیوں کی تعلیم اور ان کی اصلاح کے علاوہ معاشرے کے کچھ ایسے مسائل پیش کیے گئے تھے جن کا حل نکالنا ضروری تھا۔ بقول پروفیسر صغرا مہدی :

خواتین نے تقریباً سو سال پہلے مضمون نگاری کی ابتدا کی اور اس کا سہرا اس زمانے کے زنانہ رسائل کے سر ہے۔ مضمون نگاری کا مقصد ایک تو اس میدان میں تربیت اور

دوسرے ان کی اصلاح تھی۔ شروع میں مضامین کے موضوعات ایک مذہبی نوعیت کے ہوتے تھے یا پھر ان کا موضوع خانہ داری، آرائش، حفظان صحت وغیرہ ہوتا تھا۔ ۳

خواتین کی افسانہ نگاری کا آغاز 1918 سے قبل ہو چکا تھا۔ یہ افسانے رسالہ تہذیب النسواں اور عصمت میں شائع ہوتے تھے۔ ان افسانہ نگاروں میں سے کسی کسی نے ایک دو افسانوں پر ہی اکتفا کر لیا تھا۔ اس کے باوجود وہ افسانے اردو مختصر افسانے کے بہترین افسانوں میں شامل ہیں۔ پروفیسر صغرا مہدی کی یادداشت کے مطابق رسالہ عصمت کے ایک پرچے میں ایک افسانہ 'میں اپنے قلندر کے پاؤں پہچانتی ہوں' کے نام سے شائع ہوا تھا اور رسالہ تہذیب نسواں میں شائع ہونے والے افسانے عجلتِ بے جا، ایفائے وعدہ، مشقِ ستم، تیسری تاریخ کا چاند، سالگرہ، مرتا کیا نہ کرتا کے نام سے شائع ہوئے۔ ان افسانوں کے تخلیق کاروں کے نام پردۂ خفا میں ہونے کے باوجود ان کی اہمیت کا اندازہ پروفیسر صغرا مہدی کے اس بیان سے ہوتا ہے کہ:

حالانکہ ان میں سے بعض لکھنے والیوں کے نام تک یاد نہیں مگر اتنی مدت کے بعد ان افسانوں کا یاد رہنا افسانہ کی حیثیت سے ان کی کامیابی پر دلالت کرتا ہے۔ ۴

جب کہ ڈاکٹر رفعیہ سلطانہ کی تحقیق کے پیشِ نظر اولین افسانہ نگار خواتین میں محمدی بیگم اور صغرا ہمایوں مرزا کے نام سرِ فہرست ہیں جنھوں نے طویل افسانے لکھے جو طوالت کی بنا پر ناول کے زمرے میں شمار کیے گئے۔

شاعری میں بھی خواتین نے اپنی شناخت قائم کی۔ ۱۸۵۷ سے پہلے لطف النسا امتیاز اور مہ لقا بائی چندا کے علاوہ کئی مایہ ناز شاعرات گزری ہیں لیکن ۱۸۵۷ کے بعد محمدی بیگم، عباسی بیگم، صغرا ہمایوں مرزا، سکندر جہاں بیگم وغیرہ نہایت اہم نام ہیں۔ ان تمام شاعرات کے بعد رابعہ پنہاں (اشکِ خونین)، زاہدہ خاتون شیروانیہ (آئینۂ حرم) نوشابہ

خاتون (موجِ تخیل)، کنیز فاطمہ حیا، نجمہ تصدق اردو ادب میں بے پناہ اضافہ کیا۔ اگرچہ ان خواتین نے نہایت سلیقے سے اپنی شاعری میں عشق و محبت اور فراق و ہجر کی عکاسی کی ہے، تاہم ان میں چند شاعرات نے ان دیگر موضوعات کو بھی شاعری کا حصہ بنایا جو سرمایہ داری، معاشرے کی چھوٹی بڑی خامیاں اور جبر و ظلم کی عکاسی کرتے تھے۔ بلقیس فاطمہ بیکس - اپنی ایک نظم۔ ' شکوۂ خواتین مشرق ' میں کہتی ہیں۔

وفا آشنا دل ہمارا جو پایا
ہمیں خوب دل بھر کے تم نے ستایا
خدا کو تمھارا وتیرہ نہ بھایا
سروں پر تمھاری فلاکت کو آیا
قہر بن کے تہذیب مغرب کا سایہ

عباسی بیگم کا اپنا ایک الگ انداز رہا ہے۔ کہتی ہیں۔

خودی سے باز آنہ خوار ہو، خدا کے بندے خدا خدا کر
خدا کا رستہ ہے صاف سیدھا، ادب سے چل سر جھکا جھکا کر
کہاں وہ علم و ہنر کے بانی، کدھر تغلق، کدھر کیانی
ہوئے ہیں زیر زمیں وہ پنہاں، نشان ہستی مٹا مٹا کر

ایک اہم نام زاہدہ خاتون شیروانیہ کا ہے جو ز۔خ۔ش کے نام سے لکھتی تھیں۔ بقول قرۃ العین حیدر زاہدہ خاتون شیروانیہ اپنے عہد کی عالمی سیاست کے تعلق سے کئی بلند پایہ نظموں کے لیے مشہور رہی ہیں اور اپنے انتقال (۱۹۲۲) سے قبل انھوں نے درج ذیل غزل کہی تھی۔

کارخانے میں جو بارود کے، بم آکے پھٹا

جل گیا پیکر بے جرم و خطائے مزدور
غلہ ڈھونے سے پسینے میں نہائے سو بار
جب ہوا اک پارہ نان روزہ کشائے مزدور٦

خواتین کے اس ترقی یافتہ دور کے بعد وقت نے پھر ہلکی سی کروٹ لی اور اس بات کا احساس دلایا کہ ہندوستان اور مسلم معاشرے کی ابھی مکمل ترقی نہیں ہو پائی ہے۔ بدلتے حالات اور انتشار نے معاشرے کو دوبارہ تہہ و بالا کرنے کی کوشش کی اور ہندوستانی سماج کو ایسے زخم دیے جو ناسور کی شکل اختیار کرنے لگے۔ ان حالات نے عورتوں کو دوبارہ پیچھے کی طرف ڈھکیلنا شروع کر دیا اور وہ ایک بار پھر غلط رسم و رواج کی پابند ہوتی گئیں۔ ان تمام ناسوروں کا مداوا ضروری تھا۔ ترقی پسند تحریک نے ان ناسوروں کی طرف مصنّفین اور شعرا کو متوجہ کیا اور منشی پریم چند کے مطابق حسن کے معیار کو بدلنے کی کوشش شروع کی گئی اور۔

اور بھی غم ہیں زمانے میں محبت کے سوا

کے احساس سے قدم اٹھائے گئے۔ ایک بار پھر معاشرے کے دیگر مسائل کے ساتھ ساتھ خواتین کے مسائل کی طرف اشارہ کیا گیا جو تصویرِ کائنات میں رنگ بھرنے والے وجودِ زن پر کئی طرح کے بدنما دھبوں کی مانند نظر آنے لگے۔ ایک طرف ساحر نے مردوں کے ظالمانہ رویے پر طنز کیا۔

عورت نے جنم دیا مردوں کو
مردوں نے اسے بازار دیا

اور دوسری طرف مجاز نے اپنے دائروں میں سمٹی ہوئی خواتین کو ان کے وجود کی اہمیت کا احساس دلایا کہ۔

ترے ماتھے پہ یہ آنچل بہت ہی خوب ہے لیکن
تو اس آنچل سے اک پرچم بنا لیتی تو اچھا تھا

خواتین نے بھی آنچل کو پرچم بنانے کا مصمم ارادہ کرتے ہوئے اپنے ناولوں، افسانوں اور شاعری کے موضوعات میں تبدیلی کی اور نئے انداز سے اپنے وجود کو منوانے کی ٹھانی۔

اب سوال یہ پیدا ہوتا ہے کہ خواتین نے اردو ادب کے سرمایے میں اضافے اور اپنی شناخت بنانے کے لیے لکھا؟ یا ان کے قلم اور تحریروں نے ان کی شناخت قائم کی؟ بات خواتین اور ادب کے تعلق سے ہو رہی ہے کہ اردو ادب میں خواتین کا کیا حصہ ہے یا ادب کو خواتین نے کیا دیا؟ اس ضمن میں پہلے یہ دیکھا جائے کہ ادب کیا ہے؟ یا ادب سے کیا مراد ہے؟ ہم سب جانتے ہیں کہ ادب زندگی اور معاشرے کا ترجمان ہی نہیں بلکہ اس کا نقاد بھی ہے۔ یہ زندگی کے وسیع ترین مسائل کو گاہے بہ گاہے پیش کرتے ہوئے ان کے حل تلاش کرنے میں مدد کرتا ہے۔ اطہر پرویز لکھتے ہیں کہ:

انسان کی زندگی کا ہر پہلو ادب کا موضوع بن سکتا ہے۔ محلوں سے جھونپڑوں تک، بازاروں سے دفتروں تک، غرض زندگی کا ہر پہلو ادب کا موضوع بن سکتا ہے۔ ادب افراد اور قوموں کے تجربات کا نچوڑ ہے۔ تجربات دراصل مردہ واقعات ہوتے ہیں جو دھبوں کی طرح انسان کے ذہن میں پڑے رہتے ہیں۔ ادب ان کو زندگی عطا کرتا ہے۔ ۷

زندگی کی اسی تنقید یعنی ادب میں خواتین نے بھی مردوں کے شانہ بہ شانہ قدم اٹھاتے ہوئے اپنی تخلیقات کے ذریعے منفرد انداز سے خواتین کے مسائل، ان کی زندگی کے تاریک اور روشن پہلو، نفسیاتی مسائل، معاشرے میں ان کے حقوق، غرض کہ زندگی کے ہر پہلو کو اپنی تحریروں میں پیش کیا۔

۱۹۳۶ کے بعد خواتین افسانہ نگاروں نے معاشرے کے تکلیف دہ پہلوؤں، سماج میں عورت کی کم حیثیتی، جہالت، بے جوڑ شادیاں، گھر پر انتظار کی تاریکی، طوائفوں کے کوٹھوں پر روشنی، بانجھ پن سے ہونے والے مسائل، بزرگوں سے بے اعتنائی اور لاپرواہی، بچوں کے مسائل، بھوک، غربت۔۔۔ غرض ہر مسئلے کو اپنے افسانے اور ناولوں کا موضوع بنایا۔اس ضمن میں ڈاکٹر رشید جہاں، عصمت چغتائی، رضیہ سجاد ظہیر، ہاجرہ مسرور، خدیجہ مستور، صالحہ عابد حسین، واجدہ تبسم، جیلانی بانو، صدیقہ سیوہاروی وغیرہ صفِ اول میں نظر آتی ہیں۔ڈاکٹر رشید جہاں نے اپنے افسانے افطاری میں غربت کی تصویر کشی نسیمہ اور اس کے بیٹے اسلم کی گفتگو کے ذریعے اس طرح کی ہے:

ماں دوزخ کیا ہوتی ہے ؟

وہ کہتی ہے۔۔۔ دوزخ! دوزخ وہ تمھارے سامنے ہی تو ہے۔

کہاں ؟۔۔۔ اسلم نے چاروں طرف سر گھما کر دیکھا۔

وہ نیچے جہاں اندھا فقیر کھڑا ہے، جہاں وہ جلاہے رہتے ہیں اور جہاں وہ رنگریز رہتا ہے اور لوہار بھی۔

دادی اماں تو کہتی ہیں دوزخ میں آگ ہوتی ہے۔۸

پھر وہ بتاتی ہے کہ دوزخ کی آگ در اصل چولھے کی آگ جیسی نہیں ہوتی بلکہ بھوک کی آگ ہوتی ہے۔ یہاں سابق پرنسپل مسز رشیدہ قاضی کے انشائیے کا حوالہ دینا بے محل نہیں ہو گا:

پیٹ دنیا کی عظیم ترین قربان گاہ ہے۔پیٹ کی خاطر جوانیاں نیلام چڑھتی ہیں، عصمتیں قربان ہوتی ہیں اور مامتا بدنام ہوتی ہے۔ خود داری ذبح ہوتی ہے اور غیرت و حمیت کا لاشہ اٹھتا ہے۔ پیٹ نہ ہوتا تو چڑیا چڑی مار کے جال میں نہ پھنستی اور پیٹ نہ ہوتا تو

چڑی مار بھی اپنا جال نہ پھیلاتا۔ بڑے بڑے انقلابات کی تہہ میں پیٹ ہی کار فرما رہا ہے۔ اطالیہ کے شہروں میں پیٹ نے آگ لگائی۔ فرانسیسی انقلاب پیٹ نے برپا کیا۔ روس میں تخت شاہی کو الٹنے کا ذمہ دار بھی پیٹ ہی ہے۔ ۹

موجودہ ہندوستانی معاشرے کا ایک بڑا المیہ یہ بھی ہے کہ اولاد اپنے والدین کو وقت دینا پسند نہیں کرتی اور بڑھاپے میں ان کو اپنی ذمہ داری اور فرض نہیں سمجھتی بلکہ بوجھ سمجھ کر ان سے پیچھا چھڑانے کی کوشش کرتے ہیں۔ یہ المیہ پہلے مغربی معاشرے کا غماز تھا جس کی آہٹ کے اندیشے کو خواتین افسانہ نگاروں نے محسوس کرتے ہوئے اپنے افسانوں کے ذریعے ہندستانی سماج کو خبردار کرنے کی کوشش کی۔ اس ضمن میں بھی کئی نام مل سکتے ہیں لیکن یہاں صالحہ عابد حسین (بیکار سامان) اور بانو سرتاج (تین بوڑھے) کے نام کافی ہیں۔ عصمت چغتائی کے بعد غالباً سب سے معتوب افسانہ نگار واجدہ تبسم رہی ہیں جنھوں نے معاشرے کی گھٹن اور تعفن کو اپنے افسانوں اور ناولوں کا محور بنایا۔ بقول حقانی القاسمی :

-"واجدہ تبسم نے مجبور اور مظلوم عورتوں کے لیے مقدمہ لڑا اور اس لیے مرد سماج کی خود ساختہ عدالتوں میں وہ مجرم اور معتوب قرار پائیں کہ عورت صرف اطاعت کے لیے پیدا ہوئی ہے، بغاوت کے لیے نہیں۔۔۔ واجدہ نے ان ہی سماجی حقیقتوں کو اپنے فکشن کا محور و مرکز بنایا جو معاشرے کے لیے ناسور بنتی جا رہی تھیں۔" ۱۰

مذکورہ بالا موضوعات کے علاوہ فسادات سے متاثر سماج کی تصویر کشی بھی ناولوں اور افسانوں میں اس خوبصورتی سے کی گئی کہ قاری کے دل میں ایک ہوک سی اٹھ جائے اور اس کا ذہن سوچنے پر مجبور ہو جائے۔ فسادات کے حوالے سے عصمت چغتائی کا افسانہ 'جڑیں'، رضیہ سجاد ظہیر کا افسانہ 'نمک' اور صالحہ عابد حسین کا افسانہ 'نراس میں آس' اہم

افسانے ہیں۔ ان کے بعد کی افسانہ اور ناول نگار خواتین کی ایک طویل فہرست ہے جن میں سے چند نام قرۃ العین حیدر، جمیلہ ہاشمی، بانو قدسیہ، جیلانی بانو، صغرا مہدی، خدیجہ مستور، ہاجرہ مسرور، زاہدہ حنا، آمنہ ابوالحسن، رفیعہ منظور الامین وغیرہ کے بعد ناموں کی طویل فہرست میں بانو سرتاج، شمیم نکہت، ذکیہ مشہدی، لالی چودھری، صادقہ نواب سحر، غزال ضیغم، قمر جمالی، تسنیم کوثر، نگار عظیم، ثروت خان، اندرا شبنم، طاہرہ اور نسرین رمضان وغیرہ کے نام فوری طور پر لیے جاتے ہیں۔

اردو شاعری میں جن شاعرات نے اپنی شناخت قائم کی ان میں ادا جعفری، پروین شاکر، فہمیدہ ریاض، عذرا عباس، کشور ناہید، ڈاکٹر رفیعہ شبنم عابدی، نسرین حیات، عنبرین حسیب عنبرین، شہناز نبی اور دیگر شاعرات شامل ہیں۔ انھوں نے جہاں اپنی شاعری میں معاشرے میں رائج غلط رسم و رواج میں دبی پسی خاتون کی تڑپ اور بے کسی و کسمپرسی کو بڑی ہنر مندی کے ساتھ پیش کیا وہیں عالمی مسئلے کے نقوش بھی اپنی تخلیقات پر اس طرح ثبت کیے کہ ان کی شاعری اس مسئلے کے خلاف اٹھتی ہوئی آواز ہی نہیں بلکہ ایک شاہکار بن گئی۔ ڈاکٹر رفیعہ شبنم عابدی کی شاعری محض تانیثیت کے دائرے تک ہی محدود نہیں ہے بلکہ انھوں نے اپنے عہد کے انسانیت سوز عالمی واقعات کو بھی اپنی شاعری کا موضوع بنایا ہے۔

خواتین نے اپنی تخلیقات کو منفرد انداز میں پیش کیا ہے۔ کبھی سنجیدہ تو کبھی مزاحیہ۔ طنز و مزاح کے ذریعے اردو ادب کو رونق بخشنے والی خواتین میں پہلا نام مرزا فرحت اللہ بیگ کی بھانجی آصف جہاں کا ہے جن کا مجموعہ گل خنداں کے نام سے شائع ہو چکا ہے۔ ان کے بعد کئی نام ملتے ہیں جن میں عصمت چغتائی کے علاوہ تین قابل ذکر نام سلمی صدیقی (سکندر نامے، نور جہاں کا لوٹا)، سرور جمال (مشق ستم، مفت کے مشورے)

اور شفیقہ فرحت (رانگ نمبر، گول مال) ہیں۔

اردو کے مشہور طنز و مزاح نگار یوسف ناظم رسالہ 'شگوفہ' حیدر آباد کے ہندوستانی مزاح نمبر ص ۷۴ پر رقمطراز ہیں کہ:

"(ظرافت) معاشرے کے عمومی مسائل سے الجھتی اور انھیں پاک و صاف کرتی ہے۔ معاشرت کے طریقوں، رسوم و رواج اور روایتی بندشوں کے مراحل سے آگے نکل کر سیاسی و ملکی معاملات کو زندگی سے ہم آہنگ کرنے کی کوشش کرتی ہے۔"

درج بالا قول کی روشنی میں اگر معاشرے کی جانب نظر اٹھائیں تو لڑکیوں کو زندہ دفن کرنے کے رواج کے خاتمے کے بعد ان کے بازاروں میں بکنے کے علاوہ شادی بیاہ کے مقدس رشتے کے نام پر لڑکیوں کے بکنے کا رواج شروع ہوا۔ اس موضوع پر (سابق پرنسپل) مسز رشیدہ قاضی کا انشائیہ 'قصہ قاضی کا' نہایت معنی خیز ہے۔ ہندوستان میں قومی یک جہتی کے فروغ کی طرف اشارہ اس خوبصورتی سے کیا ہے کہ قاری کے لبوں پر مسکراہٹ مچل اٹھتی ہے۔ اپنے انشائیے 'کوّے' میں لکھتی ہیں :

ہمارا دیش ہر طرح مالامال ہے، بس کمی ہے تو قومی یکجہتی کی۔ حکومت وقت قومی یکجہتی کو فروغ دینے کے لیے جان توڑ کوشش کر رہی ہے مگر نتیجہ وہی ڈھاک کے تین پات۔ سارا فتور قومی پرندے کے انتخاب کا ہے۔ مور میں آخر دھرا کیا ہے ؟صرف خوشنما پر۔ پروں کا مصرف کیا؟ مور چھل مزاروں اور مندروں کے سوا کہیں کام نہیں آتے۔ مانگ محدود، فیض محدود، پھر کیوں نہ انھیں متروک قرار دیا جائے ؟مور کی جگہ کوّے کو قومی پرندہ بنانا چاہیے کہ ایکتا، اتحاد اور اتفاق کا جیتا جاگتا شاہکار ہے۔ کسی ایک کوے کی جان پر بن جائے، تو ساری برادری بطور احتجاج کائیں کائیں کر کے آسمان سر پر اٹھا لیتی ہے۔

اسی طرح ڈراما نگاری، صحافت (طیبہ بیگم، ڈاکٹر شمع افروز زیدی، ثروت جہاں)، ترجمہ نگاری (صابرہ زیدی)، سفر نامے (عطیہ بیگم فیضی، لالی چودھری)، خود نوشت نگاری (صالحہ عابد حسین، عصمت چغتائی، ادا جعفری) وغیرہ میں بھی خواتین نے اپنی تحریروں سے اردو ادب کے سرمایے میں قابل قدر اضافہ کیا ہے اور آج بھی کر رہی ہیں۔ ان خواتین کے ناموں کی طویل فہرست کے چند اہم نام پروفیسر فاطمہ بیگم، ڈاکٹر آمنہ تحسین، ڈاکٹر اقبال النسا، ڈاکٹر گل رخ زہین، ام ہانی اشرف، نگار سلطانہ، ڈاکٹر مسرت جہاں، ڈاکٹر بی بی رضا خاتون ہیں۔ ڈراما نگار خواتین (عابدہ احمد، ساجدہ زیدی، زاہدہ زیدی) میں ایک اہم نام استاذالاساتذہ پروفیسر نور العین علی کا ہے جنھوں نے اپنے ڈراموں میں معاشرے کے مسائل کو نہایت سلیقے سے پیش کیا ہے۔ پروفیسر نور العین علی کو ڈرامے 'کینسر' پر انعام سے نوازا کیا گیا تھا۔ اس ضمن میں ایک اور بات کا ذکر کرنا نامناسب نہ ہوگا کہ عابدہ احمد نے ایک ڈراما گروپ 'ہم سب' کے نام سے تشکیل دیا تھا۔

وسیع کینوس پر پھیلی ہوئی اردو ادب کی تاریخ میں خواتین کی شمولیت کا ذکر یہیں ختم نہیں ہوتا ہے۔ بچے معاشرے کا مستقبل ہوتے ہیں۔ ادب اطفال کے تحت ان کی ذہن سازی کی جاتی ہے۔ لوک گیت کسی بھی ملک کی تہذیب و تمدن اور سیاست کے عکاس ہوتے ہیں۔ لوک گیتوں کے ذریعے اردو میں خواتین (ڈاکٹر بسم اللہ بیگم، ڈاکٹر میمونہ دلوی) نے ہندوستان کے تہذیب و تمدن اور سیاست کو محفوظ کر کے اردو ادب میں قابل قدر اضافے کیے۔ ادب اطفال (محمدی بیگم، خواجہ لیلیٰ بانو، سلطانہ آصف فیضی، عصمت چغتائی، نور جہاں نور)، تحقیق و تنقید (پروفیسر رفیعہ سلطانہ، پروفیسر زینت ساجدہ، پروفیسر صغرا مہدی، ڈاکٹر سیدہ جعفر، ڈاکٹر میمونہ دلوی، ڈاکٹر زہرہ موڈک، ڈاکٹر شرف النہار، رفیعہ سلیم، ڈاکٹر ظل ہما)، بچوں کی تدریس (مسز ذکیہ خطیب، مسز فاطمہ

انیس) جیسی اردو ادب کی مختلف جہتوں میں بھی صنف نازک نے اپنے جوہر دکھائے اور اس طرح ادبی کائنات کے گوشے گوشے کو اپنی تحریروں کے ذریعے روشن کرنے کی کوشش کی۔ڈپٹی نذیر احمد، مولوی ممتاز علی، شیخ عبداللہ، حالی، عبدالحلیم شرر وغیرہ مصلحین نے قوم کو اندھیرے غار سے نکالنے کے لیے کئی طرح کی رکاوٹوں کا سامنا کیا، اپنی تحریروں کی مدد سے خواتین میں سر اٹھا کر جینے کی خواہش پیدا کی، انھیں اپنی صلاحیتوں کو بروئے کار لانے کے راستے دکھائے۔ خواتین انھیں راستوں پر نہ صرف قدم بڑھاتی جارہی ہیں بلکہ اپنی شناخت قائم کرکے اردو ادب میں قابل قدر اضافے کرتی جا رہی ہیں۔

کسی بھی زبان کا رشتہ تاریخ سے بھی بنتا ہے اور سیاسیات سے بھی۔ معاشیات سے بھی جڑتا ہے اور سائنس سے بھی، نفسیات سے بھی پنپتا ہے اور سماجیات / معاشرت سے بھی۔ خواتین نے اپنے زور قلم سے اردو ادب کا حق پوری طرح ادا کرنے کی کوشش کی اور آج بھی اس راہ پر پیہم رواں ہیں۔ مختصراً یہ کہ خواتین نے محض عشقیہ اور رومانی ناول، افسانے اور شاعری کو اپنا موضوع سخن نہیں بنایا بلکہ انھوں نے زندگی اور معاشرے کو دیکھا، سمجھا، غور کیا اور پھر قرطاس پر اتارا۔ ان کی تحریروں میں معاشرے کی خواتین ہی کے مسائل نہیں ملتے بلکہ معاشرے کے اہم ستون یعنی مردوں کی اصلاح کا پہلو بھی چھپا ہوتا ہے۔ اس بات کو سمجھنے کے لیے بصیرت کی ضرورت ہے کیونکہ اچھا اور صحت مند معاشرہ مرد وزن۔۔۔ دونوں سے بنتا ہے۔

(مقالے کی طوالت کی کے خوف سے کئی اہم ناموں کا ذکر نہیں ہوسکا)

حواشی:

۱ رشید النسا: اصلاح النسا: اشاعت اول ۱۸۹۴، ناشر: خدا بخش اورینٹل پبلک

لائبریری، پٹنہ ۲۰۰۷، ص ۱۶۲

۲ رشید النسا: اصلاح النسا: رشندری، رشیدہ اور رقیہ کا خواب : زاہدہ حنا: اشاعت اول ۱۸۹۴، ناشر: خدا بخش اورینٹل پبلک لائبریری، پٹنہ ۲۰۰۷، ص ۲۳۱

۳ اردو ادب میں دہلی کی خواتین کا حصہ مرتبہ پروفیسر صغرا مہدی: دہلی کی مضمون نگار خواتین: پبلشر اردو اکادمی، دلی: سن اشاعت ۲۰۰۶، ص ۹۵

۴ اردو ادب میں دہلی کی خواتین کا حصہ مرتبہ پروفیسر صغرا مہدی: دہلی کی افسانہ نگار خواتین: پبلشر اردو اکادمی، دلی: سن اشاعت ۲۰۰۶، ص ۱۶۱

۵ ششماہی فن اور شخصیت، بمبئی : غزل نمبر : مدیر: صابر دت: بیا تا گل بر افشانیم مرتبہ قرۃ العین حیدر: مارچ ۱۹۷۸، ص ۴۷۰

۶ اطہر پرویز: ادب کا مطالعہ: اسرار کریمی پریس، الہ آباد: ستمبر ۱۷، ص ۳۷

۷ اطہر پرویز: ادب کا مطالعہ: اسرار کریمی پریس، الہ آباد: ستمبر ۱۷، ص ۴۱

۸ پرنسپل رشیدہ قاضی: پلیٹ سے پیٹ تک : پرواز : ماڈرن پبلشنگ ہاؤز، نئی دلی ۱۹۸۸، ص ۶۸

۹ قلم کے گناہ: حقانی القاسمی: واجدہ تبسم: افکار و اذکار مرتبہ مسرور صغرا: کلاسک آرٹ پریس ۲۰۱۴، ص ۴۸

۱۰ پرنسپل رشیدہ قاضی: کوے: پرواز: ماڈرن پبلشنگ ہاؤز، نئی دلی ۱۹۸۸، ص ۹۱-۹۲

***

۵

اردو میں ادب اطفال

آمنہ فاروقی

یہ ایک مسلمہ حقیقت ہے کہ خاندان، قوم اور ملک کے روشن مستقبل کا انحصار بچوں کی صحیح تعلیم و تربیت پر ہوتا ہے۔ آج کا بچہ کل کا شہری ہے، اس لحاظ سے بچے 'قومی امانت' ہوتے ہیں اور اس امانت کا تحفظ معاشرے کے ہر فرد کی ذمے داری ہے۔ یہ ذمے داری تقاضا کرتی ہے کہ معاشرے، قوم و ملک کا مفید خادم بنانے کے لیے اس کی جسمانی نشو و نما کے ساتھ اس کی عمدہ ذہنی تربیت اور شخصیت کی متوازن نشو و نما پر بھی توجہ دی جائے۔ اس مقصد کے حصول میں 'ادب' ایک اہم اور مؤثر وسیلہ ثابت ہوا ہے، مگر افسوس کہ ہم نے اس 'مؤثر وسیلے' کو اتنی اہمیت نہیں دی جتنی اسے دینا چاہیے تھی۔ ہمارے اکثر ادیبوں، ناقدوں اور محققین نے ادبِ اطفال سے بے اعتنائی برتی اور اسے بچکانہ سمجھ کر نظر انداز کرنے کی کوشش کی۔

بڑے بڑے ادیبوں اور شاعروں نے بچوں کے لیے لکھنا کسرِ شان سمجھا۔ اسی بے اعتنائی کا نتیجہ ہے کہ اردو میں بچوں کے ادب کا سرمایہ کیا کیفیت اور کیا کمیت دونوں اعتبار سے ناقص و کمزور ہے۔ یا یوں کہا جا سکتا ہے کہ ادب اطفال کا کوئی معیار مقرر نہیں ہو سکا۔ بیشتر ایسا سرمایہ ہے جن میں بچوں کی نفسیات، ان کی ذہنی سطح، ان کی ضرورتوں اور

دلچسپیوں کا مطلق خیال نہیں رکھا گیا۔ یہ اردو کی ٹریجڈی ہے کہ جس ادب پر اردو زبان کی بقاء اور بچوں کے مستقبل کا انحصار ہے اسی کو ہم نے اکثر نظر انداز کیا ہے۔ مقام شکر ہے کہ گزشتہ چند برسوں میں ہمارے ادیبوں، شاعروں، نقادوں اور محققین نے اس ادب پر توجہ دینا شروع کیا ہے۔

بچوں کی طرح ان کا ادب بھی بڑی اہمیت کا حامل ہے۔ ادبِ اطفال کے اثرات دیر پا اور ہمہ گیر ہوتے ہیں۔ یہ نہ صرف بچوں کی مسرت میں اضافہ کرتا ہے، بلکہ ان کے اعمال و اقدار پر بھی اثر انداز ہوتا ہے۔ ان کے کردار کی تخلیق میں ادب ہی اہم ترین کردار ادا کرتا ہے۔ اردو میں بچوں کے ادب کا جائزہ لینے سے پہلے یہ جاننا ضروری ہے کہ بچوں کا ادب کسے کہتے ہیں؟ ایک عرصے تک بچے کی شخصیت نظر انداز کی جاتی رہی ہے لیکن نفسیاتی تحقیقات وانکشافات سے یہ حقیقت واضح ہوگئ

"بچہ ایک جامد تختی نہیں بلکہ ایک زندہ متحرک اور باشعور ہستی ہے" ١

بچوں کی اپنی ایک الگ دنیا ہوتی ہے، ان کی اپنی پسند اور ناپسند ہوتی ہے، ان کی اپنی ضرورتیں اور دلچسپیاں، احساسات، سوجھ بوجھ، شعور اور عادتوں میں تبدیلیاں ہوتی جاتی ہیں۔ غرض بچوں کے شعور احساس اور فہم وادراک کی دنیا بڑوں سے بالکل الگ ہوتی ہے اس۔

"وہ ادب جس کے ذریعے بچوں کی دلچسپی اور شوق کی تسکین ہو اور جو مختلف عمر کے بچوں کی نفسیات، ضرورتوں، دلچسپیوں، میلانات اور ان کی فہم وادراک کی قوت کو پیش نظر رکھ کر تخلیق کیا گیا ہو صحیح معنوں میں 'بچوں کا ادب' کہلانے کا مستحق ہے۔" ٢

اس اعتبار سے جب ہم اردو میں بچوں کے ادب کا جائزہ لیتے ہیں تو بہت مایوسی ہوتی ہے۔ معیاری ادب کی کمی کا یہ نتیجہ ہے کہ بچوں کی صحیح ڈھنگ سے ہمہ جہتی نشوونما نہیں

ہو پا رہی ہے۔ خواندگی اور اکتساب علم کے ابتدائی مراحل میں بچوں کے لیے زائد از نصاب لٹریچر بے حد ضروری ہے۔ اس لٹریچر کی بدولت جہاں مطلوبہ لسانی مہارتوں کا حصول سہل ہوتا ہے، وہاں اس سے ان کی ذہنی و جذباتی نشو و نما میں بھی بڑی مدد ملتی ہے اور تعلیم کے اعلیٰ مراحل طے کرنے میں آسانی پیدا ہو جاتی ہے۔

اردو میں ادبِ اطفال کی ابتدا اور نشو و نما شاعری ہی سے ہوئی اور دکنی دور نیز شمالی ہند کے ابتدائی دور میں بچوں کے ادب کے تحت منظومات کا ہی اضافہ ہوتا رہا۔ نثر میں اٹھارہویں صدی کے اواخر تک کوئی قابل ذکر تصنیف ایسی نہیں ملتی جس کو ہم بچوں کے ادب سے تعبیر کر سکیں۔ پروفیسر مظفر حنفی کی تحقیق کے مطابق ۱۷۹۳ میں سب سے پہلے لکھنؤ کے اِنشاء اللہ خاں اِنشا نے بچوں کے لیے نثری تصنیف 'رانی کیتکی کی کہانی' پیش کی۔ بقول ڈاکٹر مظفر

"اِنشاء اللہ خاں اِنشا کی یہ کہانی نہ صرف بچوں کے لیے سب سے پہلی نثری کہانی ہے، بلکہ ہندی اور اردو دونوں کے افسانوی ادب (Fiction) کی ابتدا ہی اِنشاء اللہ خاں اِنشا کی اس تخلیق سے ہوتی ہے اور اس کو بچوں کے ادب کا سنگِ بنیاد کہا جا سکتا ہے۔"[۳]

مولانا الطاف حسین حالی، علامہ شبلی، اسماعیل میرٹھی، نذیر احمد دہلوی، سورج نارائن مہر اور محمد حسین آزاد نے بچوں کے لیے خوب لکھا۔ ڈپٹی نذیر احمد دہلوی اور الطاف حسین حالی پہلے بزرگ ہیں جنھوں نے قصّے کو باقاعدہ اخلاقی تربیت کے لیے استعمال کیا۔ مولانا محمد حسین آزاد واحد بزرگ ہیں جنھوں نے بچوں کے قواعد زبان و بیاں اور اِملا کی درستگی پر خاصا زور دیا اور اس سلسلے میں کئی کتابیں لکھی۔

جنوری ۱۸۰۲ میں ڈاکٹر جان گلکرسٹ کی زیر نگرانی فورٹ ولیم کالج کلکتہ کے شعبۂ تصنیف و تالیف کا آغاز ہوا اور جان گلکرسٹ نے اردو لغت مرتب کرنے کے ساتھ ساتھ

چند نامور اہل قلم کی خدمات حاصل کیں۔ چونکہ یہ ادارہ انگریز فوجیوں کو اردو زبان سکھانے کے لیے قائم ہوا تھا۔ چنانچہ اس وقت میر امن دہلوی، رجب علی بیگ سرور، حیدر بخش حیدری، للولال جی، اور دیگر ماہرین نے عربی، فارسی اور ہندی ادب کو جن میں داستانیں بھی شامل تھیں اردو کے قالب میں ڈھالنا شروع کیا۔ یہ داستانیں روانی اور سلاست کے اعتبار سے بچوں کے ادب کے لیے انتہائی مناسب کرداروں، بہادری، سچائی، دانائی اور سبق آموز تحریروں وواقعات سے مزین ہیں۔

فورٹ ولیم کالج کے زیر سایہ اردو ادب کا بہترین سرمایہ یکجا کیا گیا اور اس کالج کی تصانیف سے برصغیر میں بچوں کے ادب کا دامن مالا مال ہوا۔ ابتدائی اٹھارہویں صدی عیسوی میں ولی دکنی اور ان کے دیوان کی دہلی میں آمد کے بعد سے شمالی ہند میں بھی لکھنے والے اردو میں ادبی تخلیقات پیش کرنے کی جانب مائل ہوئے، جن میں بچوں کا ادب بھی شامل ہے۔ چنانچہ میر تقی میر جیسے عظیم المرتبت غزل گو کی کلیات میں بھی بچوں کے لیے مثنوی نما نظمیں مل جاتی ہیں۔ یہ اپنے موضوع اسلوب اور زبان ہر اعتبار سے بچوں کی دلچسپی کا سامان فراہم کرتی ہیں۔ ان میں بطور خاص موہنی بلی، بکری اور کتے، مور نامہ، مچھر، کھٹمل، وغیرہ ایسی ہی نظمیں ہیں جن کو ہم ادبِ اطفال میں شامل کر سکتے ہیں۔

میر تقی میر کے بعد بچوں کے شاعر کی حیثیت سے نظیر اکبر آبادی کا نام خاص اہمیت کا حامل ہے۔ نظیر نے بچوں کے لیے بے شمار نظمیں لکھی ہیں۔ ان نظموں کی سب سے بڑی خوبی ان کی سادہ زبان ہے، جو عربی، فارسی اور سنسکرت کے ثقیل الفاظ سے پاک ہے۔ نظیر اکبر آبادی کی نظمیں بچوں میں حب الوطنی کے ساتھ ساتھ ان کی شخصیت میں اخلاقی اقدار اور قومی تشخص کے نقوش کو ابھارتی ہیں۔ محمود الرحمن نے نظیر اکبر آبادی کی ایسی شاعری کے بارے میں لکھا ہے:

"اردو میں بچوں کے لیے جو کچھ بھی لکھا گیا ہے اس میں نہ صرف پند و نصیحت کار فرمائی ہے بلکہ مذہبی عناصر کی جلوہ گری بھی ہے۔ صحیح معنوں میں نظیر اکبر آبادی وہ پہلے شخص ہیں جنھوں نے بچوں کے ادب کو مذہب اور لغت کی سنجیدہ بزم سے نکال کر نونہالوں کے بزم میں پہنچا دیا ہے۔ جہاں ان کے اپنے جذبات اور احساسات نمایاں ہیں۔"

۴

ان کی کلیات میں ایسی بہت سی نظمیں مل جاتی ہیں جو بچوں کے ادب میں قیمتی سرمایہ ہیں۔ اس ضمن میں نظیر اکبر آبادی کی ایامِ طفلی، معصوم بھولے بھالے، تربوز، کن کوے اور پتنگ، گلہری کا بچہ، ریچھ کا بچہ، تل کے لڈو، ہرن کا بچہ، واہ کیا بات کورے برتن کی، وغیرہ بچوں کی پسندیدہ نظمیں ہیں۔ بچوں کے لیے جتنا کچھ نظیر اکبر آبادی نے لکھا ہے، ان سے قبل اردو میں کسی دوسرے شاعر نے نہیں لکھا۔ ان کی نظموں کی خاص خوبی یہ ہے کہ ان میں اخلاقی اقدار پر زور دیا گیا ہے یہ نظمیں اپنے پر لطف پیرایہ بیان اور طرز ادا کی وجہ سے خشک اور بے کیف محسوس نہیں ہوتی۔

میں نے ابھی عرض کیا کہ بچوں کے ادب کی ہم بات کرتے ہیں تو خیال سب سے پہلے اسماعیل میرٹھی اور محمد حسین آزاد کی نظم و نثر کی طرف ہی جاتا ہے، لیکن دراصل اس کی اولیت کا سہرا مرزا غالب کے سر ہے۔ 'قادر نامہ' میں ان کے اس طرح کے اشعار

وہ چرا وے باغ میں میوہ جسے

پھاند جانا یاد ہو دیوار کا

پل ہی پر سے پھیر لائے ہم کو لوگ

ورنہ تھا اپنا ارادہ پار کا

واہ بے لڑکے پڑھی اچھی غزل

شوق بھی سے ہے تجھے اشعار کا

یہ اس بات کا ثبوت ہیں کہ غالب بچوں کے ادب کی ضرورت سے غافل نہ تھے، یہ الگ بات ہے کہ غالب کی پرواز بہت اونچی تھی اور اس سطح پر زیادہ دیر تک نہیں رہ سکتے تھے۔ یہی بات ہم اقبال کے بارے میں بھی کہہ سکتے ہیں۔ اقبال کے یہاں بھی اس نوع کی نظمیں بہت ہیں جنھیں ہم بچوں کی نظمیں کہہ سکتے ہیں۔ ایسی نظمیں 'بانگ درا' میں بھی شامل ہیں اور اقبال کے دیگر کلام میں بھی۔ بچوں کے لیے لکھی ہوئی اقبال کی بعض نظمیں بعض انگریزی نظموں کے ترجمے ہیں۔ اقبال نے خود اس بات کا ذکر کیا ہے، لیکن یہ ایسے خوبصورت ترجمے ہیں کہ ان پر طبع زاد شاعری کا گمان ہوتا ہے۔ عبدالقوی دسنوی رقمطراز ہیں:

اقبال بچے کے ذہن کی تعمیر اس طرح کرنا چاہتے تھے۔ جس سے وہ ایسا انسان بن سکے جو خدا آگاہ ہو، صداقت شعار ہو، حریت پسند ہو، ہمدرد مجسم ہو، غرور و تکبر کی لعنت سے پاک ہو، محسن شناس ہو خدمت گزار ہو، غریبوں کا مددگار ہو، کمزوروں کا حامی ہو، وطن پرست ہو انسان دوست ہو برائیوں سے پاک ہو اور پیکر عمل ہو۔ ۵

محمد حسین آزاد، خواجہ الطاف حسین حالی، ڈپٹی نذیر احمد، شبلی نعمانی، مولوی ذکاء اللہ وغیرہ نے اردو میں مختلف اصناف اور موضوعات پر طبع آزمائی کی۔ ان لوگوں کی تحریروں میں بچوں کے لیے بھی بہت سی تخلیقات نظم و نثر میں موجود ہیں۔ شفیع الدین نیر نے بچوں کے ادب کے جس وافر ذخیرے کا ذکر کیا ہے وہ محمد حسین آزاد، حالی، ڈپٹی نذیر احمد، اور سر سید احمد خاں کی کاوش کا نتیجہ ہے۔ حقیقت یہ کہ اردو ادبِ اطفال میں سنہ ۱۸۵۷ کی جنگ آزادی ایک سنگ میل کا درجہ رکھتی ہے، جس کے زیر اثر شعر و ادب کی قدیم اور فرسودہ روایات میں ایک تغیر رونما ہوا۔ تخیل سے کنارہ کشی کر کے حقیقت آرائی کی

طرف توجہ مبذول کی گئی۔ معاشرے اور پوری ادبی دنیا میں بدلتے ہوئے ان حالات نے بچوں کے ادب کو بھی متاثر کیا۔ یہ وہ سیاسی اور سماجی ماحول تھا جس میں حالی، شبلی، نذیر احمد، اور آزاد کی پیشروی میں چکبست، اقبال، سرور جہاں آبادی، اسماعیل میرٹھی، تلوک چند محروم جیسے شعرا نے بچوں کے اخلاق عادات اور ان کی ذہنی نشوونما سے متعلق مفید اور ادبی حسن سے آراستہ نظموں اور کہانیوں کی تخلیق کی اور اپنی تخلیقی کاوشوں کے ذریعے ادبِ اطفال کی بنیادیں مستحکم کیں۔ ان فنکاروں نے بچوں کے جذبات اور خیالات کو ملحوظ رکھتے ہوئے ایسی تخلیقات پیش کی جن میں نہ صرف بچوں کی دلچسپی کا سامان بکثرت تھا بلکہ یہ ان کے سن وسال اور مذاق و مزاج سے مطابقت و موافقت بھی رکھتی تھیں۔ آزاد کی مرتب کردہ کتابیں بچوں کی اخلاقی تربیت اور زبان کی درس و تدریس کے مطالبات پورا کرنے کے ساتھ ساتھ انہیں مختلف مضامین کی تعلیم بھی دیتی ہیں۔ اس طرح صحیح معنوں میں ہمارے یہاں بچوں کے ادب کی شیرازہ بندی کرنے اور درسی کتب کو جدید تقاضوں کے مطابق منظم کرنے کا ابتدائی معرکہ محمد حسین آزاد نے ہی سر کیا۔ ڈاکٹر اسد اریب نے محمد حسین آزاد کو بچوں کی درسی کتب کا بانی قرار دیا ہے۔٦

محمد حسین آزاد نے اردو کی پہلی کتاب، اردو کی دوسری کتاب اور بچوں کے لیے نظمیں سلام علیک، جیسا چاہو سمجھ لو، ہے امتحاں سر پر کھڑا، زمستان، شبِ سرما، شبِ ابر، ہمتِ مرداں، جاڑا جیسی خوبصورت نظمیں لکھیں۔ ان میں ہمتِ مرداں مقبول ترین نظم ہے۔ اس نظم کا ایک بند بطور نمونہ

ہے سامنے کھلا ہوا میداں چلے چلو
باغِ مراد ہے ثمر افشاں چلے چلو
دریا ہو بیچ میں کہ بیاباں چلے چلو

ہمت یہ کہہ رہی ہے کھڑی ہاں چلے چلو
چلنا ہی مصلحت ہے مری جاں چلے چلو

منظومات کے علاوہ محمد حسین آزاد نے نثر میں بھی بچوں کے لیے بہت کچھ لکھا ہے۔ ان کی نثری تصانیف میں آئینہ صحت، قصص الہند، اور نصیحت کا کرن پھول وغیرہ خاص طور پر لائق ذکر ہیں۔ بلاشبہ آزاد اردو ادبِ اطفال کے معماروں میں شمار کیے جانے کے مستحق ہیں۔ مولانا حالی نے قوم کے نونہالوں کی فلاح و بہبود اور ان کی بہترین ذہنی اور جسمانی تربیت پر ہمیشہ زور دیا۔ حالی ایک ماہر تعلیم تھے، ان کی زندگی کا ایک بڑا حصہ محکمۂ تعلیم میں گذرا، یہی سبب ہے کہ حالی بچوں کی نفسیات، ان کی ذہنی پیچیدگیوں، ان کی ضروریات اور مسائل سے بخوبی واقف تھے۔ حالی کی بیشتر تحریروں میں بچوں کے لیے بہت سی تخلیقات نظم و نثر میں موجود ہیں۔ حالی کو لڑکیوں کی فلاح و بہبود اور تعلیم و تربیت کی بڑی فکر رہتی تھی۔ اپنے اسی مقصد کی تکمیل کے لیے حالی نے 'مجالس النساء' لکھی۔ یہ کتاب لڑکیوں کے لیے سب سے پہلی درسی کتاب ہے۔ اگر چہ 'مجالس النساء' سے قبل ڈپٹی نذیر احمد کی 'مراۃ العروس' آچکی تھی، لیکن 'مراۃ العروس' اور 'مجالس النساء' میں بڑا فرق یہ ہے کہ نذیر احمد نے 'مراۃ العروس' اپنی بیٹیوں کی تعلیم و تربیت کے لیے لکھی تھی۔ جبکہ حالی نے 'مجالس النساء' لکھتے وقت پوری قوم کی بچیوں کی تعلیم و تربیت پیش نظر رکھی تھی۔

'مجالس النساء' کے ذریعے حالی نے لڑکیوں کی تعلیم عام کرنے پر زور دیا ہے، ساتھ ہی ان میں سماجی بیداری، اپنی ذمے داری اور اپنے حق کو پہچاننے کا جذبہ بیدار کرنے کی کامیاب کوشش کی ہے۔ حالی نے بچوں کے لیے بہت سی نظمیں لکھی ہیں۔ زبان اسلوب اور موضوع ہر اعتبار سے حالی کی ایسی نظمیں صرف بچوں کے لیے ہیں، یہی سبب ہے کہ

اسماعیل میرٹھی نے اردو زبان کی پانچویں کتاب میں حالی کی نظمیں امید، علم کی ضرورت، راست گوئی اور اپنی ترقی آپ کرو شامل کی ہیں۔ ان نظموں کے علاوہ خدا کی شان، غوث اعظم، جواں مردی کا کام، میں کسان بنوں گا، سپاہی، موچی، پیشہ، دھان بونا، نیک بنو، بلی اور چوہا، نیکی پھیلاؤ، مرغی اور اس کے بچے، شیر کا شکار، لاڈلا بیٹا، ایسی نظمیں ہے جو حالی نے خاص بچوں کے لیے لکھی ہیں۔ اپنی نظم 'کہنا بڑوں کا مانو' میں کہتے ہیں۔

ماں باپ اور استاد سب ہیں خدا کی رحمت
ہے روک ٹوک ان کی حق میں تمھارے زحمت
چاہو اگر بڑائی کہنا بڑوں کا مانو
دنیا میں کی جنھوں نے ماں باپ کی اطاعت
دنیا میں پائی عزت عقبی میں پائی راحت
چاہو اگر بڑائی کہنا بڑوں کا مانو
ماں باپ کی اطاعت دونوں جہاں کی دولت
چاہو اگر بڑائی کہنا بڑوں کا مانو

اِسماعیل میرٹھی جو ادبِ اطفال کے شہنشاہ کہلائے جاتے ہیں، اردو ادب میں ادبِ اطفال کی بہترین کتابیں وہ مانی جاتی ہے جو اسماعیل میرٹھی نے مرتب کیں۔ ان درسی کتابوں کے لیے میرٹھی نے جو حکایات خود لکھی ہیں ان میں بیشتر کے ماخذ سنسکرت کی 'پنچ تنتر' اور فارسی کی 'بستانِ حکمت' اور 'انوارِ سہیلی' ہیں یہ حکایات اخلاقیات، مذہب کی تعلیم پر مبنی ہیں۔ ان میں بہادروں کے کارنامے بھی شامل ہیں، باجے کا بھوت، ایک شیر اور چیتا، سرکشی کا انجام، محمود غزنوی اور بڑھیا، محنت سونے سے بہتر ہے وغیرہ اِسماعیل کی نمائندہ کہانیاں ہیں۔

ان درسی کتابوں میں سب سے بڑی خوبی یہ ہے کہ یہ کتابیں بچوں کو جہاں زبان سکھاتی ہیں، وہاں ان کو سائنس، عام معلومات، تاریخ جغرافیہ اور زراعت پر مفید مواد فراہم کرتی ہیں۔ ایسے معلوماتی اور سائنسی مضامین میں پانی کی شکلیں، پلاٹینم، سونا، چاندی، پارہ، انسان کا بدن، ہوا اور پانی، کوئلے کی کان، چھاپے کی ایجاد، ریلوے انجن کا موجد جارج، قوس قزح، وغیرہ لائق ذکر ہیں۔ اِسماعیل میرٹھی نے بچوں کے لیے تاریخی مضامین بھی لکھے۔ ان مضامین کے ذریعے تاریخی شخصیتوں سے روشناس کرایا ہے۔ جلال الدین اکبر، نور جہاں، ارسطو، راجا بکرماجیت، شیر شاہ سوری، محمود غزنوی اور بڑھیا، نوشیر وانِ عادل، تیمور، راجہ بیربل خصوصی اہمیت کے حامل ہیں۔

اقبال کی ان تخلیقات کو ادبِ اطفال میں شاہکار نظموں کا درجہ حاصل ہے، جو 'بانگ درا' کلام میں شامل ہیں۔ ایک مکڑا اور مکھی، ایک پہاڑ اور گلہری، ایک گائے اور بکری، بچے کی دعا، ہمدردی، ایک پرندہ اور جگنو، پرندے کی فریاد، ہندوستانی بچوں کا گیت (میرا وطن) ان نظموں میں پہلی چھ انگریزی سے ماخوذ ہیں اور آخری دو نظمیں اقبال کی طبع زاد تخلیقات ہیں۔ ان نظموں کے علاوہ اقبال کی فلسفیانہ نظمیں عہد طفلی، بچہ اور شاعر، بچہ اور شمع، طفل شیر خوار، ماں کا خواب وغیرہ اس بات کی شاہد ہیں کہ ابتدا ہی سے اقبال بچوں کے بارے میں غور و فکر کرتے رہے تھے۔

بچوں کے شاعر کی حیثیت سے تلوک چند محروم کا نام امتیازی حیثیت کا حامل ہے۔ جنھوں نے بچوں کی تعلیم و تربیت کے ساتھ ان کی ذہنی نشو و نما کے لیے صحت مند شعری ادب تخلیق کیا۔ محروم کی ایسی نظموں کے مجموعے 'بہارِ طفلی' اور 'بچوں کی دنیا' کے نام سے منظر عام پر آچکے ہیں۔ صرف 'بہارِ طفلی' میں پچیس نظمیں ہیں، جس میں خدا کا شکر، ہمارا دیش، سویرے اٹھنا، اچھے کام، محنت، صفائی، دشمنی، ہم ہر گز جھوٹ نہ بولیں

گے، جھوٹ بڑا پاپ ہے، اچھا آدمی، پھول برسات وغیرہ قابل ذکر نظمیں ہیں۔ بچوں کی دنیا کی نمائندہ نظموں میں دعا، خدا کی قدرت، بچوں کا نیا سال، اچھا بچہ، صبح ہولی، پہلے کام پیچھے آرام، میری کتاب، جھوٹ، استاد کی چھڑی، ورزش، قرض، بارش، گنگا، وقت کی پابندی، ان کی ایسی نظمیں ہیں جو اپنی افادیت اور معنویت کے سبب بچوں کی درسی کتب میں بھی شامل ہیں۔

تلوک چند محروم بچوں کے نمائندہ شاعر ہیں۔ انھوں نے بچوں کے لیے صرف نظمیں ہی لکھی، ایسی تمام نظمیں اردو ادبِ اطفال کا بیش بہا سرمایہ ہیں۔ زمانہ بدلتے دیر نہیں لگتی اور زمانے کے ساتھ ہی بدل جاتے ہیں موسم، آب وہوا اور انسان تک۔ لیکن یہ حقیقت ہے کہ آج بھی بچہ اسی صدیوں پرانے اس زمانے میں موجود ہے۔ اس کا بچپن آج بھی دادی، نانی کی کہانیوں کے لیے ہمک رہا ہے۔ اور میں تو یہاں تک وثوق سے کہہ سکتی ہوں کہ کہانی نے اگر جنم لیا ہو گا تو وہ پہلی کہانی کسی بچے کے لیے اس کی نانی یا دادی کے ذریعے سنائی گئی کہانی ہی ہو گی۔

اردو ادبِ اطفال کی کہکشاں میں کئی بڑے ادیب ستاروں کی طرح چمک رہے ہیں۔ ان سب کا احاطہ کرنا دشوار طلب ہے، لہٰذا جن ادیبوں کا ادب مطالعے سے گزرا اسے قرطاس پر لکھ لیا۔ میں جانتی ہوں کہ میں تمام ادیبوں کے ساتھ انصاف نہ کرپائی۔ اگر تمام کا ذکر کروں تو مقالہ طویل ہو جائے گا لہٰذا اپنے مضمون کو مختصر اور جامع کرتی ہوں تاکہ عنوان سے ہٹ نہ جائے اور مضمون کی اہمیت واضح ہو جائے اور قصہ مختصر ہو جائے۔

حواشی

۱ اردو میں ادبِ اطفا ل ایک جائزہ، پروفیسر اکبر رحمانی ۱۹۹۱، ایجوکیشنل اکادمی اسلام پورہ جلگاؤں، ص ۶۸

۲ ایضاً، ص۶۸

۳ ڈاکٹر مظفر اردو میں ادبِ اطفال، مشمولہ جہات و جستجو مکتبہ جامعہ لمیٹڈ، نئی دہلی، ص۸۴

۴ محمود الرحمن 'آزادی کے بعد بچوں کا ادب' ماہنامہ کتاب لاہور بچوں کا ادب نمبر جنوری ۱۹۷۹، ص۹، مدیر ذوالفقار احمد تابش

۵ عبدالقوی دسنوی 'بچوں کے اقبال' نسیم بک ڈپو لکھنؤ، ص۳۸-۳۹

۶ ڈاکٹر اسد ار بچوں کا ادب، کاروانِ ادب ۱۹۸۲، ص۴۸

***

۶

ماحولیاتی تحفظ اور ادب اطفال

زاہد ندیم احسن

ماحول اپنے آپ میں ایک مکمل اکائی کی حیثیت رکھتا ہے جس میں نامیاتی اور غیر نامیاتی اجزا تشکیل پاتے ہیں۔ یہی وہ خصوصیت ہے جو ماحولیاتی نظام قائم کرنے میں معاون ہے۔ماحولیات یاماحولیاتی نظام کرہ ارض کے کسی بھی حصے میں پائے جانے والے نامیہ اور غیر نامیہ عناصر کے باہمی تعلقات کے مجموعے کو کہتے ہیں۔ اس طرح ہم یہ کہہ سکتے ہیں کہ ماحول ایک حیاتیاتی نظام ہے۔

ماحول ان سبھی جسمانی، کیمیائی اور حیاتیاتی عناصر کا مستحکم ڈھانچا ہے، جو کسی بھی ذی روح،ماحول اور زندگی میں پیش آنے والی سبھی چیزوں پر اثر انداز ہوتا ہے۔ عمومی طور پر دیکھا جائے تو یہ واضح ہو جاتا ہے کہ ہماری زندگی کو متاثر کرنے والی تمام نامیاتی اور غیر نامیاتی اشیا اور ان کے افعال و اعمال سے وقوع پزیر ہونے والے حادثات و واقعات کے مجموعے کو ماحول کہتے ہیں۔ اس سے تمام جاندار متاثر بھی ہوتے ہیں اور اپنے عمل سے اس کو متاثر بھی کرتے رہتے ہیں۔ لب لباب یہ ہے کہ ماحولیات میں مذکورہ تمام عناصر شامل ہیں جن کے اثرات بالواسطہ یابلاواسطہ طور پر حیات انسانی پر پڑتے ہیں۔ بہ ایں طور مفید اور مضر دونوں صورتوں میں اثر انداز ہوتے ہیں۔

فی زمانہ اس بات کی ضرورت اور اہمیت دوچند ہو جاتی ہے کہ علم ماحولیات سے متعلق تمام چیزوں کی معلومات کے ساتھ ان کے تمام عوامل کی تعلیم پر بھی زور دیا جائے، تاکہ ان مسائل کی تدبیر کی جاسکے۔ لہٰذا ضروری ہے کہ اس جدید معاشرے کو ماحولیات کے در پیش مسائل سے آگاہ کیا جائے۔ چونکہ آج کے اس مشینی دور میں پوری دنیا اس انجام کو پہنچ چکی ہے جس میں فضائی آلودگی اور زمینی آلودگی ہمارے لیے نہ صرف ایک مسئلہ ہے بلکہ ایک چیلینج ہے اور پوری دنیا خطرناک مسائل سے دوچار ہے۔ اس لیے یہ ضروری ہے کہ ماحول سے جڑے تمام مسائل پر سنجیدگی سے غور خوض کیا جائے اور نسل انسانی کے تحفظ کی کیا تدبیر ممکن ہو سکتی ہے اس کو عام کیا جائے، تاکہ اس کے برے اور ہولناک انجام سے عوام واقف ہو سکیں۔

اب ایک نظر ان مسائل پر بھی ڈال لیں جو مسائل، ماحول اور ہمیں در پیش ہیں اور کس طرح سے زندگی پر اثر انداز ہوتے ہیں۔ آلودگی : زراعت، تجارتی اور رہائشی تپش، صنعتیں، حمل و نقل، زمینی اور فضائی آلودگی میں اہم رول ادا کرتی ہیں، فضا میں، کاربن مونو آکسائڈ، سلفر ڈائی آکسائڈ، کلورو فلورو کاربن، اور موٹر گاڑیوں اور فیکٹریوں سے نکلنے والے نائیٹروجن آکسائڈ سے فضائی آلودگی پیدا ہوتی ہے جو سانس کے ساتھ پھیپڑے میں پہنچ کر طرح طرح کی بیماری پیدا کرتی ہے۔ آلودگی کی وجہ سے بہت سے جاندار کی قسمیں ختم ہو رہی ہیں یا ختم ہونے کے دہانے پر ہیں۔ صوتی آلودگی ماحولیاتی آلودگی کی ایک قسم ہے کچھ آوازیں جو ناگوار ہوتی ہیں جس سے نقصان پہنچتا ہے اور سننے والے پر ان کے برے اثرات پڑتے ہیں صوتی آلودگی کے زمرے میں آتی ہیں صوتی آلودگی سے سماعت پر اثر پڑتا ہے، کان کا درد، چڑچڑاپن جیسی حالت ہوتی ہے اور اگر یہ بہت دنوں تک رہ جائے تو بلڈ پریشر ہو جائے گا۔ صوتی آلودگی کے ذرائع سڑک پر چلنے

والی گاڑیوں سے نکلنے والی آوازیں ہوائی جہاز اور جیٹ کی آواز نئے شہروں کی پلاننگ کاروباری علاقوں میں ناقابل برداشت آواز صنعتی شور ہیں۔ اس کا تدارک یہ ہے کہ گاڑیوں کی رفتار کم کی جائے ہارن کے استعمال پر پابندی کی جائے۔ رہائشی علاقوں اور بھیڑ بھاڑ والے علاقوں میں بڑی بڑی گاڑیوں کا جانا ختم کیا جائے۔

یہ درست ہے کہ تعلیم کے ذریعے سے ماحول کی معلومات سماجی زندگی کے فروغ کا اہم ذریعہ ہے۔ اس کا بنیادی مقصد انسانوں کے اندر، جسمانی، ذہنی، سماجی، تہذیبی، اور روحانی پختگی لانا ہے۔ اس طرح کے تعلیمی نظریات کو استحکام بخشنے کے لیے فطرت کے ذریعے بنائے گئے اس ماحولیاتی نظام کا علم ہونا بہت ضروری ہے۔ ماحول کا علم حاصل کرنا ہندوستانی تہذیب و ثقافت کی روایت کا اہم حصہ ہے اور اس کی روایت ابتدا سے ہی رہی ہے۔ طبیعیاتی اور معاشیاتی دور میں حالات کچھ الگ ہوتے جارہے ہیں۔ ایک طرف جہاں سائنس اور تکنیک کے مختلف شعبوں میں نئی نئی ایجادات ہو رہی ہیں۔ تو دوسری طرف(Human Environment) انسانی ماحول بھی بری طرح سے متاثر ہو رہا ہے۔ نئی نسل کو ماحولیات میں ہونے والی تبدیلی اور بگاڑ کا شعور تعلیم کے ذریعے سے پیدا کرنا بہت ضروری ہے۔ ماحولیات اور تعلیم کے مابین جو رشتہ ہے اس کو جان کر بھی انسان اپنے اندر بیداری لا سکتا ہے۔ طالب علموں کو ماحول اور ماحولیات کی تعلیم عام فہم اور آسان زبان میں دینا چاہیے ابتدا میں یہ تعلیم بالکل سطحی اور تعارفی انداز سے دینا چاہیے۔ آگے چل کر اس کے تکنیکی پہلوؤں پر غور کرنا چاہیے۔ تعلیمی سطح پر ماحولیات کی معلومات انسانی بقا کے لیے بہت ضروری ہے۔

UNESCO نے ماحولیاتی تعلیم اور اس کے مقاصد کی اہمیت پر زور دیتے ہوئے یہ بات کہی ہے:

"ماحولیاتی تعلیم ایک ایسا لائحہ عمل ہے جس سے طلبا مختلف مسائل کو اور اہم قدروں کو سمجھ سکتے ہیں۔ اس سے وہ اپنے اندر ایسی صفات کو فروغ دیں گے جس سے وہ یہ سمجھ سکیں کہ انسان کا اپنے ماحول اپنی ثقافت اور آس پاس کی چیز سے گہرا تعلق ہے۔ یہ ایسی تعلیم ہے جو ان کے رویے اور طرز عمل میں ماحولیاتی اہمیت کا احساس اجاگر کرے۔"

مذکورہ بالا اقتباس کی روشنی میں دیکھا جائے اور ان پر غور کیا جائے تو یہ نتیجہ نکلتا ہے کہ ماحولیات کی تعلیم زیادہ کار آمد اسکول کی وجہ سے ہے اس کی خاص وجہ یہ ہے کہ جب نئی نسل کو اس کی تعلیم سے بہرور کیا جائے گا اور اس کی اہمیت کو زندگی کے افادی پہلوؤں سے مربوط کیا جائے گا تو ہمارے بچے نہ صرف اس کی اہمیت اور افادیت کو محسوس کریں گے بلکہ اسے اپنی زندگی میں اتار کر حیات کے ہر موڑ پر مقدم رکھیں گے۔

چونکہ بچے کسی بھی قوم کے معمار اور خشت اول ہوتے ہیں اس لیے یہ ضروری ہے کہ ماحولیات کی تعلیم اسکولی سطح سے ہی دی جائے کیونکہ اس کی تعلیم ابتدا ہی سے دی جائے گی تو ایک عمر تک پہنچ کے پختہ ہو جائیں گے جس کا ایک بہتر نتیجہ سامنے آئے گا۔ نفسیات کی نظر سے یہ درست ہے کہ کسی بھی چیز کو سکھانے کے لیے اس میں دلچسپی پیدا کی جائے خاص طور سے اگر بچوں کو کچھ سکھانا ہے یا کسی کام کے لیے عمل پیرا کرنا ہے تو اس کے لیے Subject Stimulus,Motivation اور Drive ان چار چیزوں کا ہونا بہت ضروری ہے کہانیاں مذکورہ تمام چیزوں کے لیے بہتر ہے۔ اسی کے پیش نظر بہت سے لوگوں نے ایسی کہانیاں لکھی ہیں جس میں ماحولیاتی قدروں کی افادیت اور اہمیت پر زور ملتا ہے۔

اس حوالے سے میرے پیش نظر بچوں کے لیے لکھی گئیں کچھ کہانیاں ہیں جو ماحولیات اور اس کے مسائل سے سروکار رکھتی ہیں:

بھنورا، سیدہ فرحت کی کہانی ہے اس کہانی میں ماحول میں پائی جانے والی فطری چیزوں میں چھیڑ چھاڑ سے کیا نتیجہ نکلتا ہے ان باتوں کو کہانی کے ذریعے پیش کیا گیا ہے۔ کہانی کا سیاق یہ ہے کہ چھوٹی بچی جس کا نام کنول ہے پانی میں کھیلنے کی وجہ سے اسے سردی ہوگئی ہے وہ گھر میں لیٹی لیٹی اکتاہٹ محسوس کرتی ہے تو اپنے گھر کے باغ میں چلی جاتی ہے۔ وہاں وہ پھول پر منڈراتے ہوئے بھنورے کو دیکھتی ہے۔ وہیں اسے نیند آجاتی ہے۔ پھر خواب میں وہی بھنورا آتا ہے اور اسے کہانی سناتا ہے۔ خواب کے ذریعے سے کہانی آگے بڑھتی ہے۔

"ہاں سنو! بھنورے نے جواب دیا۔ میں ایک دیس کا راجہ تھا۔ یہاں سے بہت دور دیس کا۔ مجھے سونے چاندی ہیرے موتی سے بڑا پیار تھا۔ میرا محل سونے کا تھا۔ اس میں چاندی کے دروازے تھے میں سونے چاندی کے برتنوں میں کھاتا پیتا تھا۔ ایک دن میں نے اپنے باغ میں ٹہلتے ہوئے سوچا۔ یہ پھول، پتے، ہری ہری گھاس سب کچھ سوکھ کر کوڑے کا ڈھیر بن جاتے ہیں۔ اور ہاں مجھے چڑیوں کی چوں چوں، کبوتروں کی غٹر غوں کا شور بھی اچھا نہیں لگتا تھا۔ بس میں نے ایک دم سے حکم دیا۔ یہ سارے باغ اجاڑ دیے جائیں۔ پھول پتے نوچ کر پھینک دیے جائیں۔ چڑیوں کو مار دیا جائے۔ باغ میں سونے چاندی کے پھولوں کے پودے لگائے جائیں ان میں سونے چاندی کی گھنٹیاں باندھی جائیں۔"

"بس میرا حکم ہونے کی دیر تھی تمام باغ اجڑ گئے۔ چڑیاں مر گئیں تتلیاں بھاگ گئیں اور جگہ جگہ سونے چاندی کی گھنٹیاں لگادی گئیں۔ مگر اس کے بعد کیا ہوا یہ مت پوچھو! کیا ہوا کنول نے حیرت سے پوچھا۔"

یہ کہانی چونکہ بچوں میں دلچسپی پیدا کرنے کے لیے لکھی گئی ہے اس لیے اس کی

بنت میں کہانی کے تمام خصائل موجود ہیں اور ساتھ میں پیغام بھی موجود ہے کہ اپنے آس پاس کے ہرے بھرے ماحول کو ختم کرنے سے کیا کیا نقصانات ہو سکتے ہیں اس کہانی میں کہانی نویس نے یہی پیغام دینے کی کوشش کی ہے۔ اگر ہم اپنے آس پاس موجود ہرے بھرے باغ کو نقصان پہنچادیں تو ماحول آلودہ ہو جائے گا اور آس پاس کے رہنے والے تمام جاندار پر مہلک اور مضر اثرات مرتب ہوں گے۔

کان کی خراش، فرحت قمر کی کہانی ہے اس میں انھوں نے صوتی آلودگی سے سماج میں کیا نقصان پہنچ سکتے ہیں اس کو سمجھانے کی کوشش کی ہے۔ کہانی کچھ اس طرح شروع ہوتی ہے کہ رضوانہ اور خالد کے ابو امی شادی میں گئے ہوئے ہیں گھر اکیلا ہے، یہ دونوں بھائی بہن اپنے گھر میں اور دوستوں کو بلا لیتے ہیں سبھی دوست مل کر ہنگامہ شروع کرتے ہیں تیز تیز آواز نکالتے ہیں وہیں پڑوس میں رہنے والے رضوی صاحب کی طبیعت خراب ہے، انھیں ان کی آواز ناگوار گزرتی ہے، وہ اپنے کمرے سے نکل کر بچوں کے پاس آتے ہیں اور ان کو شور کے نقصانات بڑے ہی پیار سے سمجھاتے ہیں۔ اقتباس دیکھیں:

"جی ہاں" رضوی صاحب نے فوراً کہا۔ جب کوئی خواہ مخواہ شور کرتا ہے تو اسی طرح پڑوسیوں کو بھی برا لگتا ہے۔ اصل میں لوگ زیادہ تر آوازیں خواہ مخواہ ہی پیدا کرتے ہیں۔ زور زور سے بولتے ہیں زور زور سے ریڈیو اور ٹی وی چلاتے ہیں لاؤڈ اسپیکر کا استعمال کرتے ہیں اور خواہ مخوہ چلاتے ہیں۔ اسی خواہ مخواہ کی آوازیں تو شور ہیں اور ہماری صحت پر برا اثر ڈالتی ہیں"

تو سنو" جس طرح سے گرمی کو تھرمامیٹر کی ڈگری کی اکائی سے ناپا جاتا ہے یا فاصلوں کو میٹر اور کیلو میٹر سے اسی طرح شور کو ڈسی بل کی اکائی سے ناپا جاتا ہے۔ اب جیسے سڑک کے ٹریفک سے ۹۰ ڈیسی بل شور پیدا ہوتا ہے، بڑے پریس میں یہ شور ۱۰۰ ڈیسی بل ہو

جاتا ہے اور جب کوئی جیٹ جہاز اڑان بھرتا ہے تو ۱۲۰ ڈیسی بل شور پیدا کرتا ہے انسان کے کان ۱۴۰ ڈیسی بل تک شور برداشت کر سکتے ہیں۔ اگر شور اس سے زیادہ بڑھ جائے تو آدمی کے کان پھٹ سکتے ہیں۔ اسی لیے بے کار کی پر شور باتوں کو سمع خراشی کہا جاتا ہے جس کا مطلب ہے کان کی خراش۔"

مذکورہ بالا اقتباس میں کہانی کار نے بے حد عمدگی سے بچوں کو زیادہ شور اور ہنگامے کے نقصانات سے باخبر کرنے کی کوشش کی ہے اور یہ بھی بتانے کی کوشش کی ہے کہ اس طرح کا ماحول نہیں پیدا کرنا چاہیے جو پاس پڑوس کے لوگوں کو ناگوار خاطر گزرے اور جس کی وجہ سے دل آزاری ہو کیوں کہ یہ چیزیں بھی ہمارے ماحول کو مکدر کرتی ہیں۔

"مچھلی بنا ننھیالا۔ نہیں نہیں" سریکھا پانند یکر کی کہانی ہے اس کہانی میں پانی کی آلودگی اور اس سے ہونے والے نقصانات کو کہانی کے ذریعے پیش کیا گیا ہے۔ کہانی کا سیاق یہ ہے کہ دنو کے اسکول کی چھٹی ہونی ہے اور گھر کے لوگوں نے اس کے ننھال جانے کا ارادہ کر رکھا ہے یہ سن کر دنو بہت خوش ہے کہ ننھیال میں اسے موج مستی کرنے کا اور دوستوں کے ساتھ گھومنے پھرنے کا موقع ملے گا اور ساتھ میں ماما کے ساتھ ندی پر مچھلی پکڑنے کا مزہ لگ، مگر جب وہ اپنے ننھیال پہنچتا ہے تو سارا مزہ خراب ہو جاتا ہے مچھلیوں کی بیماری پھیلی ہوئی ہے جسے کھا کر لوگ بیمار پڑ رہے ہیں۔ جس مقصد سے دنو وہاں گیا اسی پر پابندی لگ جاتی ہے۔ اس کہانی میں اس کے اسباب کا پتا کچھ اس طرح سے چلتا ہے۔ اقتباس دیکھیں۔

" آؤ بابو میں دکھاتا ہوں" کہہ کر بوڑھا بابا اسے تھوڑی دور لے گیا۔ وہاں پڑے پڑے کئی بھگونوں میں کئی رنگوں کا پانی ابل رہا تھا۔ دو لوگ ناریل کے ریشے اس میں ڈال کر ڈنڈوں سے ہلاتے اور اوپر نیچے کرکے، باہر نکال کر سوکھنے کے لیے پھیلا دیتے اب ان

میں سے کسی کا رنگ ہلکا لال کسی کا نیلا اور کسی کا ہرا ہو گیا تھا۔

دنو نے پوچھا" یہ جو بچا ہوا پانی یا رنگ آپ نے پھینکا تھا وہ کہاں جاتا ہے" ڈھلان ہے نہ تھوڑی سی۔ بہہ کر جاتا ہو گا ندی میں۔ بابا نے بتایا۔ ندی میں" دنو نے پوچھا۔ ہاں اور کہاں جائے گا۔ دو فرلانگ پر تو ہے جھواری، اسی سے تو پانی لاتے ہیں! ابھی یہاں نل کہاں لگے ہیں۔ بابا نے بتایا۔" اب سمجھ گیا کہہ کر دنو ماما کے پاس بھاگ آیا۔

ماما مچھلیاں کیوں بیمار ہوتی ہیں اور کھانے والے کیوں بیمار پڑتے ہیں میں سمجھ گیا۔ آؤ میں بتاتا ہوں دنو ماما کا ہاتھ پکڑ کر کھینچتے ہوئے بولا۔ یہ دیکھو ماما یہ رنگ کا گندا پانی۔ یہ لوگ یہاں پھینک رہے ہیں وہ بہہ کر ندی میں جا رہا ہے اسی سے ندی کی مچھلیاں بیمار پڑ رہی ہیں اور انھیں کھا کر سارورڈے کے لوگ بیمار ہوئے ہیں۔ دنو جلدی جلدی بولا۔

پر ڈاکٹر بابو رنگ کے پانی میں گندا کچھ نہیں ہوتا رنگ پھینکنے والوں میں سے ایک آدمی بولا۔

دیکھو یہ سوکھا رنگ جو تم لوگ بناتے ہو ماما نے پوری بات ایک دم سمجھتے ہوئے کہا۔۔ اس میں کچھ کیمیائی چیزیں پڑی ہوتی ہیں۔ اور اسے کچھ اور پکا کرنے کے لیے سوڈا، تیزاب اور کچھ کیمیائی چیزیں ملاتے ہو۔ دیکھو تم خود بھی تو اسے ہاتھ سے نہیں ڈنڈے سے چلاتے ہو اور ڈنڈے سے ہی ریشے کو پھیلاتے ہو" ماما نے سمجھاتے ہوئے کہا۔" ہاں بابو ہاتھ سے چلائیں گے تو ہاتھ جل نہ جائیں گے۔ رنگ والا بولا۔" اگر تمہارا ہاتھ جل سکتا ہے تو' جب یہ رنگ بہہ کر ندی کے پانی میں جاتا ہے' تو وہاں کی مچھلیوں پر بھی اثر ضرور ڈالتا ہو گا! اسی سے ندی کا پانی بھی گندہ ہو رہا ہے اور تمہارے یہاں اور گاؤں کے لوگ بھی بیمار پڑ رہے ہیں۔ دنو نے سمجھاتے ہوئے کہا۔"

کارخانوں میں تو سرکار اس کے لیے بندوبست کرتی ہے۔ تم لوگوں کو بھی کچھ کرنا

ہو گا۔ تمہاری بھلائی اسی میں ہے۔ کیوں بابا آپ سمجھائیں گے اپنے سب ساتھیوں کو؟ ماما نے پوچھا۔

کیوں نہیں ڈاکٹر بابو! ہم بیمار تھوڑی ہی پڑنا چھاہتے ہیں"

مذکورہ کہانی سے یہ بات ظاہر ہوتی ہے کہ کس طرح سے کیمیکل اور دیگر فضلات کے پانی میں ملنے سے پانی آلودہ ہو جاتا ہے۔ اور اس کے اثرات کس طرح پانی میں رہنے والے جاندار اور اس علاقے میں رہنے والے لوگوں پر پڑتے ہیں۔

نیم کا پیڑ طلعت عزیز کی کہانی ہے جس میں انھوں نے فضائی آلودگی اور دیگر ماحولیاتی نقصان کو سمجھانے کی کوشش کی ہے۔ کہانی کا سیاق کچھ اس طرح ہے کہ ایک گھر کے آنگن میں نیم کا پیڑ تھا جسے کٹوا دیا گیا ہے بچے اسے دیکھ کر اداس ہیں پھر اس کے چچا چچی اور بھائی بہن شہر سے آتے ہیں تو باتوں باتوں میں پیڑ کٹنے کے کیا نقصان ہیں اسے بتایا گیا ہے۔

ابا بہت خوشی خوشی گاؤں میں ہونے والی تبدیلیوں کا ذکر کر رہے تھے۔ لیکن بڑے چچا اس سے زیادہ خوش نہیں تھے۔ اسلم بھائی کا کہنا تھا کہ اس گاؤں کا نقشہ ہی بدلتا جا رہا ہے، یہ تو بالکل شہر ہوتا جا رہا ہے۔

یہ تو اچھی ہی بات ہے نا۔ ہم گاؤں والوں کو بھی ترقی کرنی چاہیے۔ ابا نے کہا۔ لیکن یہ سوچو اس ترقی کے لیے تم کیا کھو رہے ہو؟ بڑے چچا بولے۔ یہ کھلا آسمان یہ پاک صاف تازہ ہوا۔ یہ چڑیاں، یہ جانور، ندی کا شفاف میٹھا پانی۔ کیا یہ سب ایسے ہی رہیں گے؟ کیوں اس کو کیا ہو گا؟ ہمارے پاس ندی بھی رہے گی اور آسمان بھی۔ ابا نے کہا۔

ماسٹر جی نے کچھ رک کر جواب دیا۔ اصل میں خود انسان نے ہی اب ماحول کے اس تال میل کو کچھ بگاڑ دیا ہے۔ مثال کے طور پر اس نے اپنی ضرورت کے لیے دھڑا دھڑ پیڑ

کاٹ کر جنگل صاف کر دیے۔

پیڑ کٹنے سے سب سے پہلا نقصان تو یہی ہے کہ ہوا گندی ہوتی ہے۔ لیکن اس کے علاوہ بارش کا پیڑوں کے ساتھ بھی کافی گہرا رشتہ ہے۔ ہوتا یہ ہے کہ سمندر سے پانی بھر کر ہوا بھاری ہو جاتی ہے تو وہ ایسے علاقوں کی طرف چلتی ہے جہاں کی ہوا سورج کی گرمی سے گرم ہو کر ہلکی ہو جاتی اور اوپر اٹھنے لگتی ہے۔ سمندر سے آنے والی بھاری ہوا اس جگہ کو بھرنے آتی ہے جو ہلکی ہوا نے خالی کی تھی۔ اب اگر اس علاقے میں پہاڑ ہوں تو ہوا ان سے ٹکرا کر بارش کرتی ہے۔ میدانی علاقے میں پہاڑ تو ہوتے نہیں یہاں پیڑ ہی اس ہوا کو بارش دینے میں مدد دیتے ہیں۔ اگر پیڑ نہ ہوں تو یہ ہوا آندھی کی شکل میں اس علاقے سے تیزی سے نکل جاتی ہے"

ہاں ایک اور رشتہ بھی ہے پیڑوں سے پانی کا۔ پیڑ بارش کے پانی کو اپنی جڑوں کی وجہ سے زمین میں بہت گہرا نہیں رسنے دیتے۔ اگر پیڑ نہ ہوں تو اس علاقے کے کنویں اور تالاب سوکھ جائیں۔ اور پھر یہ پیڑ زمین کے پانی کو سورج کی روشنی سے بچا کر اسے ابخارات یا بھاپ بن کر اڑنے سے روکتے ہیں۔ ایک اور بہت اہم کام بھی یہ پیڑ کرتے ہیں جسے تم نے اپنی کتابوں میں بھی پڑھا ہو گا"

کیا؟ دونوں نے ایک ساتھ پوچھا

وہ یہ کہ جب بارش کا پانی تیزی سے بہتا ہے تو پیڑوں کی جڑیں زرخیز مٹی کو پانی کے ساتھ بہہ جانے سے روک لیتی ہے ہیں اگر یہ پیڑ نہ ہوں تو یہ مٹی بہہ کر دریا میں چلی جائے اور دریا سے سمندر کی تہہ میں جا کر بیٹھ جائیں اس سے اس علاقے کی زمین فصلیں اگانے کے قابل ہی نہ بچے۔ اور تو اور اگر پہاڑ پر جمی برف کے پگھلنے کے بعد تیزی سے بہتے پانی کو اگر یہ پیڑ کم نہ کریں تو یہ پانی میدانی علاقوں میں باڑھ بن کر تباہی مچائے گا۔

مذکورہ تمام کہانیاں اس طور پر اہم ہیں کہ وہ ماحول کے توازن اور تناسب سے تعلق رکھتی ہیں اور بچوں کو ماحول کی آلودگی اور اس کے مسائل کو سمجھانے کی غرض سے لکھی گئیں ہیں جب کہ کہانیوں کو پڑھنے کے بعد یہ احساس نہیں ہوتا کہ یہ پوری طرح سے مقصدی کہانیاں بن کر رہ گئیں ہیں اس میں کہانی کی تمام خوبی موجود ہے اور ساتھ ساتھ ہر جگہ کہانی کی آمد کا بھی احساس ہوتا ہے جو ان تمام کہانیوں کو دلچسپ بنانے میں کلیدی کردار ادا کرتا ہے خاص بات یہ ہے کہ یہ کہانیاں بچوں کے لیے بچوں کی زبان میں ہی لکھی گئی ہیں اور بچوں کی ذہنی استطاعت کو پیش نظر رکھ کر لکھی گئی ہیں جس کی وجہ سے ان کی معنویت دوچند ہو جاتی ہے اور اس کی افادیت میں چار چاند لگ گیا ہے اگر اس طرح کی کہانیوں کو اسکولی نصاب کا حصہ بنایا جائے تو یہ بعید نہیں کہ ہماری نئ نسل ایک اہم علم سے بہر مند ہو سکے گی بلکہ ماحولیاتی بگاڑ کے خاتمے کے لیے معاون بھی ثابت ہو گی پھر اس عالمی خطرے سے بچنا ہمارے لیے بے حد آسان ہو گا۔

***

۷

ترکی میں اردو زبان و ادب

امتیاز رومی

اردو زبان کی انفرادیت یہ ہے کہ متعدد لسانی عوامل کی شمولیت اور مختلف تہذیبی عناصر کی یکجائیت نے اس کے تانے بانے بنے۔ عربی، فارسی، ترکی، ہندی اور انگریزی الفاظ کی مشارکت نے قوت گویائی بخشی اور 'ریختہ' بولی کی سطح سے بلند ہو کر زبان اور پھر ادبی زبان بن گئی۔ ایک ایسی زبان جس کی خوشبو عالمی افق کو مہکا رہی ہے۔ اپنی جائے پیدائش سے ہزاروں میل کے فاصلے پر بھی اپنا وجود نہ صرف قائم کر چکی ہے بلکہ مستحکم بھی، جو برصغیر سے نکل کر دنیا کے مختلف براعظموں میں اپنی لسانی اور تہذیبی شناخت رکھتی ہے۔ چونکہ اردو زبان محض ایک زبان نہیں بلکہ ایک تہذیبی سنگم ہے جس کی بنیاد رواداری اور ہم آہنگی پر قائم ہے۔ یہی وجہ ہے کہ آج بھی دنیا کے مختلف ملکوں اور تہذیبوں کے لیے اردو باعث کشش ہے۔

عالمی منظرنامے پر ترکی ایک ایسا ملک ہے جس سے اردو زبان و تہذیب کے قدیم ترین مراسم ہیں۔ جس کا آغاز ہندوستان میں ترکوں کی آمد سے ہوتا ہے۔ انھوں نے ہندوستان کے تہذیبی و ثقافتی اور لسانی دھارے میں خود کو شامل کر کے ایک نیا رنگ دیا۔ اردو زبان کی لفظیات میں ترکی الفاظ کا اضافہ کیا۔ نیز حدود سلطنت کی وسعت کے ساتھ

ساتھ اردو زبان کا دائرہ بھی وسیع کیا۔ دوسری طرف ہندوستانی مسلمان جب ترکی گئے تو اپنے ساتھ یہ زبان بھی لے گئے۔ ۱۴۵۳ میں سلطان محمد فاتح نے جب قسطنطنیہ (استنبول) فتح کیا تو اس سلسلے میں اور تیزی آئی۔ بہت سے ہندوستانی مسلمان استنبول میں آباد ہو گئے۔ اٹھارہویں اور انیسویں صدی آتے آتے اس تعداد میں کافی اضافہ ہوا اور یہ تعداد اتنی ہو گئی کہ انیسویں صدی کے آواخر میں استنبول سے اردو اخبارات نکلنے لگے۔ ظاہر ہے کوئی بھی اخبار نکالنے کے لیے ضروری ہے کہ اس کے قارئین کی خاطر خواہ تعداد موجود ہو۔ خلیل طوقار کی تحقیق کے مطابق ۱۸۸۰ میں اردو کا پہلا اخبار 'پیک اسلام' کے نام سے نکلا۔ اس کے بعد دو اور اخبارات نکلے۔ اس حوالے سے خلیل طوقار رقم طراز ہیں:

"استنبول میں نکلنے والے اردو اخبارات کے سلسلے میں ہمارا تین ناموں سے سابقہ پڑتا ہے: 'پیک اسلام'، 'جہان اسلام' اور 'الدستور' علاوہ بریں ان اخباروں میں 'اخوت' کے نام کا بھی اضافہ کیا جا سکتا ہے۔ جو فارسی زبان میں شائع ہونے کے باوجود ہندوستانی صحافیوں کی جانب سے نکلنے کے اعتبار سے قابل ذکر ہے۔ ہماری تحقیقات کے دوران یہ دیکھنے میں آیا ہے کہ استنبول کی لائبریریوں میں ان چاروں میں سے صرف تین اخبارات کے نسخے موجود ہیں اور وہ اخبارات ہیں: 'جہان اسلام'، 'الدستور' اور 'اخوت'، لیکن اب تک 'پیک اسلام' کا کوئی نسخہ نہیں ملا۔

اردو اخبارات میں پہلے نمبر پر ہونے کا شرف پیک اسلام کو حاصل ہے۔ ۱۸۸۰ میں نکلنے والے اس اخبار کے ساتھ استنبول میں اردو صحافت کا آغاز ہوتا ہے۔ 'پیک اسلام' اردو اور ترکی دونوں زبانوں میں شائع ہو رہا تھا۔ اس کے مدیر مسؤل نصرت علی خان تھے جو انگریزوں کے خلاف سرگرمیوں میں شرکت کرنے کی وجہ سے ہندوستان سے جلاوطن

کر دیے گئے تھے۔ مئی ۱۸۸۰ میں 'پیک اسلام' کا اولین شمارہ منظر عام پر آیا۔"

(ڈاکٹر خلیل طوقار، جہان اسلام، مغربی پاکستان اردو اکادمی لاہور، ۲۰۱۱ ص ۳۶)

اس تحقیق کی رو سے معلوم ہوتا ہے کہ ۱۸۸۰ میں ہی استنبول میں اردو صحافت کا آغاز ہو گیا اور پے در پے تین اخبارات نکلے۔ ترکی میں اردو کا یہی نقطہ آغاز ہے۔ اس سے یہ ظاہر ہوتا ہے کہ اس زمانے میں استنبول اور اس کے گرد و نواح میں اردو بولنے اور پڑھنے والوں کی تعداد اس قابل ہو گئی تھی کہ اخبار نکالنے کی ضرورت محسوس کی گئی۔ تاہم پہلی جنگ عظیم کے ساتھ ہی اردو کے اولین دور کا خاتمہ ہو گیا۔

تعلیم و تدریس

ترکی میں اردو تدریس کا آغاز تو ۱۹۱۵ میں ہی خیری برادران کی کوششوں سے ہو چکا تھا۔ عبدالجبار خیری اور عبدالستار خیری ۱۹۰۴ میں علی گڑھ مسلم یونیورسٹی میں زیر تعلیم تھے۔ وہاں سے قاہرہ، بیروت اور پھر حجاز کے راستے استنبول پہنچے اور یہاں ان دونوں نے مختلف تعلیمی اور سیاسی سرگرمیوں میں حصہ لینا شروع کر دیا۔ خیری برادران نے عثمانی سلطنت میں اردو کی اہمیت و ضرورت محسوس کرتے ہوئے دارالفنون استنبول میں اردو تعلیم کا آغاز کیا۔ اس کی تفصیل بیان کرتے ہوئے خلیل طوقار لکھتے ہیں:

"ان کی سیاسی سرگرمیاں بے شک تاریخی لحاظ سے بہت اہم ہیں مگر ان کے علاوہ ان کا ایک اور بڑا اور ناقابل فراموش کارنامہ ترکی میں یونیورسٹی کی سطح پر اردو زبان کی تعلیم کا افتتاح ہے۔ انھوں نے دارالفنون میں کس تاریخ میں اردو کی تعلیم شروع کرائی اس کے بارے میں ہمارے پاس قطعی معلومات موجود نہیں لیکن اگر ان کی استنبول آمد کو ۱۹۱۴ کے اواخر اور ۱۹۱۵ کی شرعات ٹھہرائیں گے (کیونکہ انھوں نے اگست ۱۹۱۵ میں 'ہند اخوت اسلام انجمنی مرکز عمومیسی' (انجمن ہند اخوت اسلام کا مرکزی ادارہ) کے قیام

میں حصہ لیا اور ۱۹۱۵ میں اخوت نامی اخبار کی اشاعت میں اول اول تھے) اور دارالفنون کی حیثیت سے ایک کمیشن میں ان کی پیش کردہ تجویز کی تاریخ جو کہ فروری ۱۹۱۷ ہے، کو دیکھیں گے تو ہم بلا جھجک یہ کہہ سکتے ہیں کہ ان کا دارالفنون میں اردو کے پروفیسر کی حیثیت سے تقرر فروری ۱۹۱۷ سے پہلے ۱۹۱۵ میں یا ۱۹۱۶ میں ہوا ہو گا لیکن یونیورسٹی کی مجلسوں میں شرکت کرکے تجاویز دینے اور ان تجاویزات کو منوانے کی حد تک دارالفنون کے اراکین پر ان کے اثر ورسوخ کو دیکھیں گے (کیونکہ بالخصوص یونیورسٹی کے اساتذہ پر اثر ورسوخ مرتب کرنے میں بھی کچھ وقت لگتا ہے) تو ہم یہ کہہ سکتے ہیں کہ استنبول یونیورسٹی میں اردو کی درس و تدریس کا سلسلہ ۱۹۱۶ سے بھی پہلے ۱۹۱۵ میں شروع ہوا تھا۔"

(ڈاکٹر خلیل طوقار، ترکی میں اردو تعلیم و تدریس کی صدی اور آئندہ امکانات، مشمولہ ترکی میں اردو زبان وادب کا صد سالہ سفر، ص ۲۶)

اس طرح ترکی میں اردو تعلیم کا آغاز تو ۱۹۱۵ میں ہی خیری برادران کی کوششوں سے ہو گیا تھا اور اردو اخبارات بھی نکلنے لگے تھے۔ تاہم باقاعدہ طور پر ترکی میں اردو کے دوسرے دور کا آغاز ۱۹۵۰ کے بعد پاکستان اور ترکی کی دوستی سے ہوتا ہے۔ ۱۹۵۶ میں انقرہ یونیورسٹی میں اردو تدریس کا آغاز ہوا اور حکومت پاکستان نے ڈاکٹر داؤد رہبر کو "اردو اور مطالعہ پاکستان" چیئر کے لیے منتخب کیا۔ انھوں نے ترکی میں اپنے تین سالہ قیام کے دوران یہاں کی مختلف جامعات میں اردو زبان کے آغاز و ارتقا اور اس کی تہذیبی و لسانی اور تاریخی پس منظر پر لیکچرز دیے۔ ان کے بعد طارق فاروقی، حنیف فوق، عبادت بریلوی، احمد بختیار اشرف، انوار احمد اور سعادت سعید جیسے اسکالرس کا تقرری کے بعد دیگرے انقرہ یونیورسٹی میں ہوا۔ ان اساتذہ نے ترکی میں اردو کی بنیاد کو استحکام بخشا۔

ڈاکٹر سعادت سعید لکھتے ہیں:

"ان اساتذہ کی شبانہ روز محنتوں کا ثمر یہ ہے کہ آج تک ہزاروں ترک طالب علم اردو شاعری کی مشہور ہستیوں ملاوجہی، ولی گجراتی، خان آرزو، میر تقی میر، محمد رفیع سودا، خواجہ میر درد، نظیر اکبر آبادی، غلام ہمدانی مصحفی، انشاء اللہ انشا، سعادت یار خان رنگین، استاد ابراہیم ذوق، اسد اللہ خان غالب، مومن خان مومن، بہادر شاہ ظفر، داغ دہلوی، مولانا الطاف حسین حالی، اکبر الہ آبادی، حسرت موہانی، جوش ملیح آبادی، فیض احمد فیض، ن م راشد، صوفی غلام مصطفی تبسم، ابن انشا، حفیظ جالندھری، مجید امجد، احمد ندیم قاسمی، ناصر کاظمی، جمیل الدین عالی، احمد فراز، پروین شاکر، منصورہ احمد، جیلانی کامران، افتخار جالب، ظفر اقبال، افتخار عارف وغیرہ کے ناموں اور کارناموں سے روشناس ہو چکے ہیں۔ ان شاعروں میں سے بیشتر کے کلام کو ترک محققوں اور مترجموں نے وسیع تر ترک قارئین کے لیے ترکی زبان میں خوش اسلوبی سے منتقل کیا ہے۔ علاوہ ازیں عظیم اردو نثر نگاروں کی تحریروں کے ترکی ترجموں سے شعبہ اردو انقرہ یونیورسٹی انقرہ، سلجوق یونیورسٹی قونیہ اور شعبہ اردو استنبول یونیورسٹی کے کتب خانے بھرے پڑے ہیں۔"

(پروفیسر سعادت سعید، ترکی میں اردو ایک مختصر جائزہ، مشمولہ ترکی میں اردو زبان وادب کا صد سالہ سفر، مرتبین ڈاکٹر خلیل طوقار و علی معین، اردو گھر بہاول پور، ۲۰۱۵، ص۳۶-۳۷)

انقرہ یونیورسٹی میں شعبہ اردو کے پہلے ترک استاذ کے طور پر ڈاکٹر شوکت بولو کا تقرر ہوا۔ انھوں نے پانچ سال پاکستان میں رہ کر اردو کی تعلیم حاصل کی۔ اس کے علاوہ عربی اور انگریزی پر بھی انھیں قدرت حاصل تھی۔ انھوں نے تقریباً چار دہائی تک اردو زبان وادب کی خدمات انجام دیں۔

ڈاکٹر شوکت بولو نے اردو کی بہت سی کتابوں کے ترجمے ترکی زبان میں کیے۔ ان میں علامہ اقبال کا مجموعہ کلام بال جبریل، رام بابو سکسینہ کی تاریخ ادب اردو، حامد حسن قادری کی داستان نثر اردو اور ڈاکٹر ابو اللیث صدیقی کی کتاب آج کا اردو ادب خاص طور سے قابل ذکر ہیں۔ نیز ترکی میں اقبالیات کے حوالے سے بھی شوکت بولو نے نمایاں کارنامہ انجام دیا۔ ڈاکٹر شوکت بولو کے ریٹائر منٹ کے بعد ڈاکٹر سلمی بینلی نے انقرہ یونیورسٹی میں صدر شعبہ اردو کا عہدہ سنبھالا۔ سلمی بینلی کو ادبی تحقیق اور اردو قواعد میں مہارت حاصل تھی۔ 'جدید اردو شاعری ۱۸۵۰-۱۹۰۰' کے موضوع پر انھوں نے پی ایچ ڈی کا مقالہ لکھا۔ اردو غزل کا مجتہد حالی، منصورہ احمد کی شاعری، سعادت حسن منٹو اور حسرت موہانی اور ان کی غزل جیسے موضوعات پر ان کے مضامین شائع ہو کر داد تحسین حاصل کر چکے ہیں۔ اس کے علاوہ کئی تحقیقی کام ان کی نگرانی میں انجام پا چکے ہیں۔

ڈاکٹر گلسرین ہالی جی اوزکان انقرہ یونیورسٹی شعبہ اردو کے استاذ ہیں۔ انھوں نے جنوبی ایشیا میں مغلوں کے علمی و ثقافتی ورثے پر اپنا تحقیقی مقالہ اور تزک جہاں گیری پر ایم اے کا مقالہ لکھا۔ اس کے علاوہ انھوں نے کئی تحقیقی مقالوں کی نگرانی بھی کی ہے۔ فیض احمد فیض، سجاد حیدر یلدرم اور منصورہ احمد پر بھی تحقیقی مضامین لکھ چکے ہیں۔ ڈاکٹر آسمان بیلن اوزجان بھی انقرہ یونیورسٹی کے شعبہ اردو سے وابستہ ہیں۔ انھوں نے پروین شاکر کی شاعری پر اپنا تحقیقی مقالہ لکھا۔ اورینٹل کالج لاہور میں بھی زیر تعلیم رہی۔ انھوں نے آغا حشر کاشمیری اور حسینہ معین کے ڈرامے اور اقبال اور پروین شاکر کی نظموں کا ترجمہ ترکی زبان میں کیا ہے۔ اس کے علاوہ انھوں نے رامائنا کا ہندی سے ترکی میں ترجمہ کیا ہے۔ ان کے علاوہ ایمیل سیلیم، آئے قوت کشمر اور داؤد شہباز ریسرچ اسسٹنٹ کے طور پر انقرہ یونیورسٹی میں اپنی خدمات انجام دے رہے ہیں۔

سلجوق یونیورسٹی

انقرہ یونیورسٹی کے بعد سلجوق یونیورسٹی قونیہ میں ۱۹۸۵ میں ڈاکٹر ایرکن ترکمان کی کوششوں سے شعبہ اردو کا قیام عمل میں آیا۔ اس کوشش میں پروفیسر غلام حسین ذوالفقار بھی ان کے ساتھ ساتھ تھے۔ ایرکن ترکمان کی ولادت پاکستان میں ہوئی۔ وہیں سے تعلیم حاصل کی پھر ترکی آکر استنبول یونیورسٹی شعبہ فارسی سے انھوں نے پی ایچ ڈی کی۔ انھوں نے ترکی میں اردو زبان و ادب کے فروغ میں بہت اہم کردار ادا کیا۔ مختلف یونیورسٹیوں میں درس و تدریس کے بعد انھوں نے سلجوق یونیورسٹی میں شعبہ اردو کی بنیاد ڈالی۔ یہاں کا شعبہ اردو زبان و ادب کے ساتھ ساتھ تاریخ تمدن ہند و پاک کے سلسلے میں بھی کافی اہمیت کا حامل ہے۔ اس شعبے سے متعلق محقق اور دانشور اردو زبان کو جتنا برصغیر کا اثاثہ سمجھتے ہیں اتنا ہی خود ترکوں کا بھی سمجھتے ہیں۔ ان کا ماننا ہے کہ برصغیر ہند و پاک کی اردو زبان ترک وراثت کا ہی حصہ اور ترک تمدن کا اس میں بہت کچھ عمل دخل ہے۔ چوں کہ برصغیر میں غزنویوں، غوریوں اور مغلوں کی قائم کردہ حکومتیں ترک تاریخ و ثقافت کو اپنے جلو میں لیے ہوئے تھیں اور فنون تعمیر، فنون حرب اور فنون لطیفہ سے مالا مال تھیں، اس لیے ترک انھیں دل و جان سے عزیز رکھتے ہیں۔ اردو زبان بھی انھیں میں سے ایک ہے جس میں مغلوں کے خون پسینے کے ساتھ ساتھ ان کی زبان کے الفاظ بھی شامل ہیں۔ (ایضاً، ص ۴۲)

سلجوق یونیورسٹی کی صدر شعبہ اردو ڈاکٹر نوریے بلک ہیں۔ انھوں نے ایم اے اور پی ایچ ڈی انقرہ یونیورسٹی سے کرنے کے بعد پاکستان کا علمی و ادبی دورہ بھی کیا۔ نوریے بلک نے سجاد حیدر یلدرم حیات اور کارنامے کے عنوان سے اپنا تحقیقی مقالہ لکھا۔ اس کے علاوہ اردو اور ترک گرامر کی مشابہتیں، سجاد حیدر یلدرم کے ترکی ادب سے تراجم، اردو

کے اولین اخبار اور اردو زبان کی تاریخ اور ترکیات وغیرہ ان کے تحقیقی مضامین ہیں۔

ڈاکٹر درمش بلغور بھی سلجوق یونیورسٹی کے شعبہ اردو سے وابستہ ہیں۔ انھوں نے انقرہ یونیورسٹی سے ایم اے اور پی ایچ ڈی کی اور نیشنل انسٹی ٹیوٹ آف موڈرن لینگویجز اسلام آباد سے اردو ڈپلوما کیا۔ مولانا الطاف حسین حالی حیات و تصنیفات، اقبال اور بانگ درا، ۱۸۵۰ سے ۱۹۰۰ کے دوران ہند اسلامی فکری تحریکات اور شاہ ولی اللہ اردو اور ترکیات وغیرہ ان کے تحقیقی موضوعات ہیں۔ ڈاکٹر خاقان قیومجو اس شعبے کے ایک اور ترک استاذ ہیں۔ انھوں نے اردو ناول نگاری کے موضوع پر پی ایچ ڈی کی۔ اس کے علاوہ اردو ڈرامے کا ارتقا اور آغا حشر اور غالب کی شاعری پر مضامین بھی لکھے ہیں۔ ڈاکٹر رجب درگن، نورائی اوز ترک اور نورائی اوزنچ بھی اس شعبے سے وابستہ استاذ ہیں۔ ان کے علاوہ ایک پاکستانی استاذ احمد نواز نے بھی اس شعبے میں اپنی خدمات انجام دی ہیں۔

استنبول یونیورسٹی

ترکی میں اردو کا تیسرا اور سب سے بڑا شعبہ استنبول یونیورسٹی میں قائم ہے۔ ۱۹۷۴ سے شعبہ اردو کے قیام کے لیے مسلسل کوششیں ہوتی رہیں۔ اس دوران انقرہ یونیورسٹی سے پاکستانی پروفیسر یہاں آتے رہے۔ اکتوبر ۱۹۸۵ میں پروفیسر غلام حسین ذوالفقار کا تقرر استنبول یونیورسٹی کے اردو چیئر پر ہوا۔ اس وقت یہاں شعبہ اردو کا نام و نشان تک نہیں تھا۔ انھوں نے بڑی جدوجہد کرکے اردو کو اختیاری مضمون کا درجہ دلایا اور طلبا میں دل چسپی پیدا کرکے اردو سیکھنے کی طرف مائل کیا۔ تاہم ۱۹۹۰ میں انھیں پاکستان واپس بلا لیا گیا۔ اس دوران پروفیسر غلام حسین ذوالفقار نے خلیل طوقار کو دریافت کرلیا تھا۔ چناں چہ ان کے جانے کے بعد شعبے کی تمام تر ذمے داری خلیل طوقار کے سر آگئی۔ ۱۹۹۴ سے اس شعبے میں باقاعدہ داخلہ شروع ہوگیا۔ اس وقت وہ اردو کے اکیلے استاذ تھے۔ اسی

درمیان پاکستان سے سید بخاری کو بھیجا گیا مگر انھوں نے اس چیئر کو فضول سمجھ کر پاکستانی وزارت تعلیم کو خط لکھا اور اسے بند کر دینے کا مشورہ دیا۔ اس طرح پاکستانی حکومت نے استاذ بھیجنے کا سلسلہ بند کر دیا ۱۹۹۶ میں ایک اور ترک استاذ احمد ایریوکسل کا تقرر ہوا۔ ۱۹۹۷ میں پاکستانی حکومت نے منصور اکبر کنڈی کو بطور استاذ بھیجا۔ تاہم تین سال بعد وہ بھی پاکستان لوٹ گئے اور پاکستانی حکومت نے یہ چیئر بند کر دیا۔ اس کے باوجود استنبول یونیورسٹی کا شعبہ اردو برقرار رہا۔ بلکہ آج ترکی میں اردو کا سب سے بڑا شعبہ استنبول یونیورسٹی کا ہے۔ خلیل طوقار کی سربراہی میں یہ شعبہ اردو زبان و ادب اور ہند و پاک اور ترکی دوستی کے فروغ میں کوشاں ہے۔

جلال سوئیدان استنبول یونیورسٹی کے شعبہ اردو سے وابستہ استاذ ہیں۔ انھوں نے ایم اے کی تعلیم پنجاب یونیورسٹی لاہور سے حاصل کی۔ غالب اور اقبال کے حوالے سے انھوں نے کئی مضامین لکھے۔ اس کے علاوہ اردو کے شاہ کار افسانے، سفر نامے اور مزاحیہ تخلیقات کو ترکی زبان میں انھوں نے منتقل کیا۔ نیز اردو ادبیات پر ترکی زبان میں ان کی کئی کتابیں شائع ہو چکی ہیں۔ ان کے علاوہ زکائی قارداش، آرزو چفت سورین، محمد راشد، خدیجہ گورگون اور اونور قلیچ ایرر اسی شعبے سے وابستہ اپنی خدمات انجام دے رہے ہیں۔ یونیورسٹیوں کے علاوہ انقرہ میں پاکستانی اسکول بھی قائم ہے جہاں اردو کی تعلیم ہوتی ہے۔ تاہم ان میں صرف پاکستانی طلبا ہوتے ہیں۔

خلیل طوقار کے مطابق ترکی میں اردو زبان و ادب کی تعلیم کا مقصد اہل اردو اور ترکی کے مابین قدیم ترین اخوت و محبت اور تہذیبی و لسانی یکسانیت کو نئی سمت پر گامزن کرنا اور ریسرچ اسکالرز کی علمی و ادبی سطح پر تربیت کرنا ہے تاکہ وہ اپنی قدیم ترین وراثت سے بخوبی آشنا ہو سکیں۔ ترک طالب علموں میں اردو سیکھنے کی کئی وجوہات ہیں جن میں

سب سے اہم بر صغیر کی زبان و تہذیب سے ترکوں کی قلبی وابستگی ہے۔ اس کے پس منظر میں ترک اور اہل ہند کی صدیوں پر محیط داستان محبت و عقیدت ہے۔ پہلے پہل ترکوں نے اپنے عہد حکومت میں ہندوستان کو خوب سینچا اور فن تعمیر کا اعلی نمونہ بنادیا۔ انھوں نے یہاں کی زبان و تہذیب میں خود کو ضم کر کے مشترکہ تہذیب کو فروغ دیا۔ پھر جب خلافت کے زمانے میں ترکوں پر مصیبت آن پڑی تو ہندوستانی مسلمانوں نے خلافت تحریک کے ذریعے اپنا تن من دھن سب کچھ نچھاور کر دیا۔ اسی ایثار کا نتیجہ ہے کہ ترک اردو زبان و تہذیب کو دل و جان سے عزیز سمجھتے ہیں اور اسے سیکھنا چاہتے ہیں۔ ایک دوسری وجہ یہ ہے کہ ترکی کی یونیورسٹیز میں اردو میں داخلے کے لیے دوسرے سبجیکٹ کی بہ نسبت کم نمبر درکار ہے۔ چناں چہ بعض طلبا اسی بنیاد پر اردو میں داخلہ لے لیتے ہیں۔ بعض طلبا ہندوستانی فلموں سے متاثر ہو کر یہاں کی زبان سیکھنا چاہتے ہیں۔ بہر حال جو بھی وجہ ہو یہ ایک خوش آئند بات ہے کہ تینوں یونیورسٹیز کے شعبہ اردو میں طلبا کی کمی نہیں ہے۔

ترکی میں بی اے کی تعلیم چار سال پر مشتمل ہے۔ پھر ایم اے دو سال جس میں کسی خاص موضوع پر مقالہ لکھنا ہوتا ہے۔ پھر پی ایچ ڈی کے لیے تحقیقی مقالہ لکھنا ہوتا۔ اس طرح ایم اے اور پی ایچ ڈی ملا کر ترکی میں اب تک اردو کے تقریباً پچاس مقالے مختلف موضوعات پر لکھے جا چکے ہیں۔ سودا، غالب، اقبال، فیض، پروین شاکر، جدید اردو شاعری، نذیر احمد، سجاد حیدر یلدرم، پریم چند، منٹو، محمد حسین آزاد، ابوالکلام آزاد، اردو افسانہ، اردو ناول، اردو سفر نامے، تزک جہانگیری، دربار اکبری، تزک بابری اور بر صغیر پاک و ہند اور ترکی کی تہذیبی و لسانی مماثلتیں وغیرہ موضوعات پر کام ہو چکے ہیں۔ بیشتر موضوعات میں کسی نہ کسی نہج سے ہند و ترک تہذیب کی ہم آہنگی اور جذبہ دوستی کو اجاگر

کرنے کی کوشش کی گئی ہے۔ مثلاً 'ہندوستان میں ترک تہذیب کے نشان'، 'سجاد حیدر یلدرم کی افسانہ نگاری'، '۱۸۵۰-۱۹۰۰ میں برصغیر میں رونماہونے والی فکری تحریکیں'، 'مولانا ابوالکلام آزاد اور الہلال کے تناظر میں ترکی اور ترک' اور 'برصغیر پاک و ہند کی اردو فارسی شاعری میں ترکی اور ترک' وغیرہ۔

مذکورہ موضوعات سے اندازہ ہوتا ہے کہ ترکی میں اردو کی جملہ اصناف پر تحقیقی کام ہورہے ہیں۔

غرض کہ ترکی میں اردو زبان و ادب کی تاریخ بہت قدیم ہے۔ سو سال سے زائد عرصے سے اردو کی تعلیم و تدریسی ترکی کی یونیورسٹیوں میں دی جارہی ہے اور اخبارات بھی نکالے گئے۔ ترکی میں اردو کی تعلیم محض ایک زبان کی حیثیت سے نہیں دی جاتی بلکہ اس کے پس منظر میں قدیم ترین دوستی اور جذبہ ایثار کی پوری تاریخ ہے جسے ترک کبھی فراموش نہیں کرنا چاہتے۔ چوں کہ تاریخی، تہذیبی و ثقافتی لحاظ سے ترک اور اہل ہند و پاک ایک دوسرے کے بے حد قریب ہیں اور لسانی اعتبار سے اردو اور ترکی زبانیں ایک دوسرے کے مماثل، نیز رسم الخط کی تبدیلی کے باوجود بے شمار الفاظ، ضرب الامثال اور محاورے مشترک ہیں۔ اسی لیے ترک برصغیر کو اپنا وطن ثانی اور اردو زبان کو اپنا قدیم اور قیمتی اثاثہ مانتے ہیں۔ یہی وجہ ہے کہ ترکی میں اردو زبان و ادب کے فروغ و امکان میں ترک دانشور کوشاں ہیں۔

***

۸

اردو زبان و ادب پر فارسی زبان و ادب کے اثرات

نصرت امین

یہ بات ہم بحسن و خوبی جانتے ہیں کہ 'اردو زبان کا تعلق دنیا کے سب سے بڑے لسانی خاندان 'ہندیورپی خاندانِ السنہ' کی 'ہندایرانی شاخ'(Indic/ Indo-Aryan) سے ہے، جو جدید ہند آریائی زبانوں کے خاندان کی کھڑی بولی سے تعلق رکھتی ہے۔ اس کا رسم الخط مغربی ہند کی کھڑی بولیوں کے برعکس 'سامی' خاندان سے تعلق رکھنے والی عربی زبان سے ملتا ہے۔ 'املانامہ' کے مقدمہ میں صاحبِ مقدمہ لکھتے ہیں :

"اردو ایک ہند آریائی زبان ہے، لیکن اس کا رسم الخط سامی خاندان کی زبان عربی سے ماخوذ ہے۔"

(املانامہ، مرتب ڈاکٹر گوپی چند نارنگ، مکتبہ جامعہ لمیٹڈ نئی دہلی، ص ۱۳)

قواعد اردو کے مقدمے میں صاحبِ مقدمہ لکھتے ہیں:

"اردو، ہندی نژاد ہے اور قدیم ہندی پراکرت کی آخری اور سب سے شائستہ صورت ہے۔"

(قواعد اردو مرتبہ عبد الحق، مطبوعہ انجمن ترقی اردو (ہند) نئی دہلی ۲۰۱۱، مقدمہ ص ۸)

اردو زبان طویل عرصے تک فارسی زبان و ادب اور اس کی تہذیب کے زیرِ اثر رہی ہے۔ اردو زبان پر یہ اثرات آج بھی بخوبی دیکھے جاسکتے ہیں۔ فارسی زبان کے مقابلے میں عربی زبان جو سامی زبانون کے خاندان سے تعلق رکھتی ہے، اس کے بھی اثرات اردو زبان و ادب پر پڑے ہیں۔ مرزا خلیل احمد بیگ لکھتے ہیں :

"اردو نے اپنے ارتقا کے دوران کئی زبانوں کے اثرات قبول کیے ہیں، جن میں عربی، فارسی اور ترکی کو خاص اہمیت حاصل ہے۔"

(اردو کی لسانی تشکیل: مرزا خلیل احمد بیگ، ایجوکیشنل بک ہاؤس علی گڑھ ۲۰۱۲، ص ۱۹۳)

فارسی زبان چونکہ ہند و ایرانی زبانوں کے خاندان سے ہی تعلق رکھتی ہے اس نسبت سے اردو اور فارسی زبان میں فطری رشتہ قائم ہو جاتا ہے۔اس کے علاوہ ہند و بیرونِ ہند کی بے شمار زبانوں کے الفاظ و مرکبات اور اصطلاحات بھی اس زبان میں شامل ہیں۔ بلکہ یوں کہنا زیادہ احسن معلوم ہوتا ہے کہ 'اردو زبان نے دیگر زبانوں کے الفاظ و اصطلاحات اور مرکبات کو اس خوش اسلوبی کے ساتھ قبول کیا ہے گویا یہ تمام الفاظ و اصطلاحات اس زبان کی اپنی ہوں'۔ اس زبان نے دوسری زبانوں کے الفاظ و مرکبات اور اصطلاحات کو 'نا' کبھی نہیں کہا۔ غالباً اسی اخذ و اشتقاق اور اپنا لینے کی بنیاد پر اردو زبان کو مخلوط زبان یا ساجھی وِراثت کی زبان کہا جاتا ہے۔ صاحبِ املانامہ، مقدمہ میں لکھتے ہیں :

"اردو دنیا کی ان چند انتہائی متمول زبانوں میں سے ہے جن کا دامن اخذ و استفادے کے اعتبار سے ایک سے زیادہ لسانی خاندانوں سے بندھا ہوا ہے۔اس کے ذخیرۂ الفاظ کا

تقریباً تین چوتھائی حصہ ہند آریائی ماخذ یعنی سنسکرت پراکرتوں اور اپ بھرنشوں سے آیا ہے تو ایک چوتھائی حصہ جو دراصل ہند آریائی گروہ کی زبانوں میں اس کے امتیاز وافتخار کا ضامن ہے، سامی وایرانی ماخذ یعنی عربی وفارسی زبانوں سے لیا گیا ہے۔"

(املانامہ، مرتب ڈاکٹر گوپی چند نارنگ، مکتبہ جامعہ لمیٹڈ نئی دہلی، ص ۱۳)

اردو کی یہی خصوصیات زبانوں کی سطح پر اسے سیکولر شکل عطا کرتی ہے۔ اردو زبان اور لسانیات کے دیباچے میں گوپی چند نارنگ لکھتے ہیں :

"اردو کا ایک نام سیکولر ازم یعنی 'غیر فرقہ واریت' اور 'بقائے باہم' بھی ہے۔ اردو نے صدیوں سے اس کی مثال قائم کی ہے اور ہر طرح کی تنگ نظری اور دقیانوسیت کے خلاف محاذ باندھا ہے۔"

(اردو زبان اور لسانیات: گوپی چند نارنگ، رام پور رضا لائبریری ۲۰۰۶، ص ۱۱)

یہ بات اپنی جگہ درست ہے کہ اردو زبان نے لسانی، ادبی اور عام بول چال کی سطحوں پر عربی اور فارسی زبانوں کے اثرات قبول کئے ہیں۔ اردو زبان نے عربی کے مقابلے میں فارسی زبان کا رنگ اور ڈھنگ کہیں زیادہ اختیار کیا ہے۔ نیز جہاں تک عربی رنگ وماحول کی بات ہے تو وہ بھی بذریعہ فارسی اپنایا ہے۔ اس کی وجہ جگ ظاہر ہے کہ عرب تاجروں کا آنا جانا ہمارے یہاں برسوں سے ہوتا رہا ہے، لیکن یہ آنا جانا بس تجارتی سطح تک محدود رہا ہے۔ اس کے برعکس فارسی زبان بولنے والے ہندستان میں حکومتی سطح تک پہنچے۔ یہ الگ تاریخی بحث ہے کہ یہ لوگ اس ملک میں کس حیثیت سے داخل ہوئے؟ یہاں یہ پہلو دلچسپی سے خالی نہیں ہے کہ انگریزوں نے کم وبیش دو سو سال تک اس ملک پر حکومت کی لیکن انھوں نے کبھی اس ملک کو اپنا وطن تسلیم نہیں کیا جبکہ 'آریوں اور مغلوں' نے اس ملک میں رہائش اختیار کی تو یہیں کے ہو رہے۔

اردو میں دخیل الفاظ

چونکہ اپنی اور پرائی ہر زبان سے استفادہ کرنا اردو کا شیوہ رہا ہے ایسے میں یہ بات قدرے آسانی کے ساتھ سمجھی جا سکتی ہے کہ 'اردو زبان میں مستعار اور دخیل الفاظ کا بڑا ذخیرہ ہے'۔ پروفیسر آل احمد سرور لکھتے ہیں :

"زبان جتنا دوسری زبانوں سے لے گی اتنی ہی سرمایہ دار ہو گی۔"

(خواب باقی ہیں، آل احمد سرور، ایجوکیشن بُک ہاؤس یونیورسٹی مارکیٹ، علی گڑھ ۱۹۹۱، ص۳۳۸)

دخیل الفاظ کی نسبت اردو میں مستعار الفاظ کی تعداد زیادہ ہے۔ ذیل میں چند مثالیں پیش کی جا رہی ہیں: زندگی، زندہ دلی، شادی اور برات، بالٹی، دال وغیرہ۔ یہ سب الفاظ اردو زبان کے ساتھ ہی بول چال میں اس طرح سے گھل مل گئے ہیں کہ آج ان میں فرق کرنا مشکل ہو گیا ہے۔

لسانی سطح پر پڑنے والے اثرات

اردو زبان سنسکرت کی ایک ترقی یافتہ شکل سورسینی اَپ بھرنش پر پڑنے والے مختلف زبانوں کے اثرات کا نتیجہ ہے۔ یہ نتیجہ باہر سے آنے والی ترک، عرب، ازبک، ایرانی اور انگریز قوموں کے مقامی لوگوں سے باہم اختلاط کی وجہ سے ہے۔ چونکہ ہندوستان میں باہر سے آنے والوں میں بیشتر لوگوں کا تعلق عرب، فارس اور ترکی سے تھا۔ جو یہاں کی خوش گوار آب و ہوا کی بنا پر یہیں کے ہو کر رہ گئے۔ حسنِ اتفاق کہ انہیں یہاں حکومت کرنے کا بھی موقع مل گیا، جسے یہ لوگ سیکڑوں برس تک بڑی خوش اسلوبی کے ساتھ چلاتے رہے۔ ان کے حکومتی طریقۂ کار اور عوام سے باہم اختلاط کے اثرات یہاں کے ہر شعبے پر پڑے، جس میں اردو زبان بھی شامل ہے۔ جو مقامی، مضافاتی

اور باہر سے آنے والوں کے درمیان رابطے کی بھی زبان تھی لیکن چونکہ حکومت کی زبان فارسی تھی اس لیے مقامی زبانوں جن میں اردو فارسی سے نسبتاً قریب تھی اس پر اس کے اثرات زیادہ مرتب ہوئے ہیں۔

صوتی سطح پر فارسی کے اثرات

اردو کا صوتی نظام اگرچہ مختلف زبانوں سے آئی ہوئی آوازوں کا مجموعہ ہے۔ اردو چوں کہ ایک ہند آریائی زبان ہے اس لیے اس میں خالص ہندی نژاد آوازوں کی تعداد زیادہ ہے، مثلاً ٹ، ڈ، ڑ، بھ، پھ، تھ، دھ۔ لیکن اس کے صوتی نظام پر چار لسانی خاندانوں کے اثرات زیادہ مرتب ہوئے ہیں۔

الف: عربی و فارسی کے اثرات: خ، ز، ف، ق، غ، خالص عربی و فارسی آوازیں ہیں، جو ان زبانوں سے براہِ راست مستعار عمل کے ذریعے اردو میں در آئی ہیں۔ یہ آوازیں اصل کی رو سے اگرچہ اپنی شناخت یا اپنی آوازیں رکھتی ہیں، لیکن اردو زبان میں ان کی ایک ہی آوازیں ہو گئی ہیں۔ اردو نے ایسا ہندوستانی نہج پر کیا ہے۔ ہاں مدارس میں آج بھی ان حروف کی قرات ان کی اصل آوازوں کے ساتھ کی جاتی ہے۔

ب: ژ، آواز خالص فارسی ہے، جو اس زبان کے مستعار الفاظ کے ذریعے اردو کے صوتی نظام کا ایک حصہ بن گئی ہے۔ یہ آواز صرف فارسی الفاظ مثلاً مژدہ، مژگاں، ژالہ، پژمردہ، اژدہا وغیرہ میں پائی جاتی ہے۔ اب یہ اردو زبان میں بھی مستعمل ہے۔

ج: کوزی آوازیں جیسے ٹ، ڈ، ڑ، وغیرہ خالص دراوڑی آوازیں ہیں جو بالواسطہ طور پر اردو میں مستعار الفاظ کے ذریعے در آئی ہیں۔

د: ہاکاری آوازیں خالص دیسی آوازیں ہیں جو اردو کے صوتی نظام کا بنیادی حصہ ہیں۔

اس کے علاوہ اردو زبان میں بے شمار فارسی کے الفاظ و مرکبات اور اصطلاحات موجود ہیں۔ یہ سب آج بھی اسی روانی کے ساتھ بولے اور سمجھے جاتے ہیں۔ ذیل میں چند الفاظ بطور مثال پیش کیے جا رہے ہیں:

چشم، اشک، نماز، بہشت، برزخ، عدالت، اناج، آب پاشی، آرائش، آداب و تسلیمات، انگشتری، بریانی، مرغ مسلم وغیرہ۔

اردو زبان میں بعض الفاظ اس طرح سے در آئے ہیں کہ وہ حقیقت میں عربی الاصل تھے، لیکن ان پر فارسی زبان کے لاحقے یا سابقے لگا کر انھیں اردو بنا لیا گیا ہے۔ ذیل میں اس کی مثالیں دیکھیں :

لفظ 'شان' کے معنی بدل کر اس پر فارسی کا لاحقہ لگایا اور شاندار بنا لیا گیا۔ اسی طرح لفظ 'نقش' پر خلافِ قاعدہ تائے وحدت لگا کر 'نقشہ کشی، نقش کشی، نقشہ نویس اور نقشہ باز' بنا لیا گیا۔

یوں تو اردو کے صوتی نظام پر عربی و فارسی کے علاوہ زبانوں کے بھی اثرات نمایاں ہیں، لیکن یہاں صرف فارسی زبان کے تعلق سے بات کرنا مقصود ہے۔ اس کی ایک مثال یہاں درج کی جاتی ہے۔ جیسے حرف "ژ" جو فارسی زبان سے اردو میں منتقل ہوا ہے۔

صرفی سطح پر اردو زبان پر پڑنے والے اثرات اس طرح ہیں۔ ذیل میں واحد سے جمع بنانے کا قاعدہ دیکھیں:

استاذ سے اساتذہ۔ اخبار سے اخبارات۔ مشکل سے مشکلات۔ تخیل سے تخیلات وغیرہ۔

مرکبات توصیفی، اضافی

مرکبات کے معاملے میں بھی اردو زبان پر فارسی زبان کے اثرات نمایاں ہیں۔

جیسے مردُم شماری، شیر خوار اور گرانقدر وغیرہ۔

اسی طرح نحوی سطح پر جیسے اضافت وغیرہ بھی فارسی سے ہی مستعار ہیں۔ مرکبِ اضافی کی مثالیں جیسے لبِ دریا، زیرِ لب، زیرِ انتظام، دردِ دل، چراغِ محفل، شمعِ محفل اور باغِ عدن وغیرہ۔

اردو کا طرزِ تحریر اور اندازِ کتابت (نستعلیق)

اردو کا طرزِ تحریر اور اندازِ کتابت 'نستعلیق' کہلاتا ہے۔ یہ بھی فارسی زبان سے ماخوذ ہے۔ خواجہ میر علی تبریزی نے 'خطِ نسخ' اور 'تعلیق' کو ملا کر ایک نیا رسمِ خط دریافت کیا جو "نستعلیق کہلایا۔ مرزا خلیل احمد بیگ لکھتے ہیں :

"ایران کے ایک عالم خواجہ میر علی تبریزی نے عربی کے دور سومِ خط 'نسخ' اور 'تعلیق' کو ملا کر ایک نیا رسمِ خط ایجاد کیا جو 'نستعلیق' کہلایا۔ اردو کے لیے آج یہی رسمِ مروج ہے اور یہ اردو کا اپنا رسمِ خط بن گیا ہے۔"

(اردو کی لسانی تشکیل: مرزا خلیل احمد بیگ، ایجوکیشنل ہاؤس علی گڑھ ۲۰۱۲، ص ۱۹۶)

اردو ادب پر فارسی کے اثرات

اردو زبان پر فارسی زبان و ادب کے اثرات کس طرح یا کس حد تک پڑے، اس کو قدرے آسانی سے سمجھنے کے لئے ہم اردو ادب کو دو زمروں میں تقسیم کر لیتے ہیں۔ شعری ادب اور نثری ادب۔

شعری ادب: دورِ حاضر کے شاعروں میں یا ماضی قریب کی شاعری میں مغربی یا جدید رجحانات صاف نظر آتے ہیں۔ لیکن اس بات سے کون انکار کر سکتا ہے کہ اردو زبان کا شعری سرمایہ مکمل طور سے فارسی زبان و ادب سے متاثر ہے بلکہ شعری اصناف

براہِ راست فارسی سے ہی مستعار ہیں۔ مثال کے طور پر مثنوی، رباعی، قطعہ، قصیدہ وغیرہ۔ اردو میں مرثیہ لکھنے کا رواج فارسی سے ہی آیا ہے۔ فارسی میں مثنوی کی روایت بہت مقبول رہی ہے۔ اردو زبان میں بھی یہ صنف وہیں سے آئی ہے۔ اس کے علاوہ اصول اور موضوعات کی سطح پر بھی فارسی کے اثرات ملتے ہیں۔ برِّصغیر ہر اعتبار سے خوش نصیب خطہ رہا ہے۔ یہاں ہر طرح کا موسم، ندیاں اور جھرنے اور پہاڑ، چرند و پرند اور درند اور انسانوں میں کالے اور گورے، چپٹی ناک سے لے کر لمبی ناک والے سب کچھ پہلے سے ہی یہاں موجود ہیں۔ بلکہ ندیوں کے معاملے میں تو یہ دنیا کا واحد خطہ ہے جس کی گود میں سب سے زیادہ ندیاں بہتی ہیں۔ ڈاکٹر محمد اقبال نے اس بات کو اس طرح کہا ہے

گودی میں کھیلتی ہیں اس کی ہزاروں ندیاں

لیکن یہاں کے شعرا نے اپنے کلام میں 'طوطا، مینا اور کوئل' کی جگہ بلبل و عندلیب کا ذکر کیا ہے۔ مقامی درختوں جیسے 'تاڑ، چنار، نیم، برگد اور لپٹس' کی جگہ سَرو کا ذکر کیا ہے۔ اسی طرح ندیوں کے معاملے میں 'راوی، جہلم، گھاگھرا، سریو-' یا دیگر ندیوں کی جگہ نیل و فرات اور دجلہ کا ذکر کیا ہے۔ شاعر نے ہندوستانی پھولوں جیسے 'بیلا، چمپا'، موتیا، گیندا اور رات کی رانی کی جگہ ایرانی پھولوں کا ذکر کیا ہے۔ لاجونت کی جگہ نرگس کا ذکر کرتا ہے۔ کوئل و پپیہے کی جگہ بلبل و قمری کا ذکر کرتا ہے۔ ہمالیہ و ہندوکش کی جگہ طور و کوہِ قاف کا ذکر کرتا ہے۔ عشق و عاشقی کا ذکر کرتا ہے تو لیلیٰ و مجنوں کی بات کرتا ہے۔ اسی طرح اردو شاعروں نے خمریات پر قلم اُٹھایا تو ایرانی شاعر 'عمر خیام' کو اپنا ماخذ و مرجع بنایا۔ اس معاملے میں تو ہندوستان کی دیگر زبانوں نے بھی استفادہ کیا ہے۔ ہندی شاعر 'ہری ونش رائے بچن' کی 'مدھوشالا' اس کی بہترین مثال ہے۔

اس کے علاوہ اردو زبان کے مشاہیر شعرا نے بزبانِ فارسی سخن بھی فرمایا ہے۔ اردو

زبان کا شاعرِ اعظم 'مرزا غالب 'بقول کسے اپنی اردو شاعری کے مقابلے میں اپنے فارسی اشعار پر کہیں زیادہ نازاں تھا۔ اپنی فارسی دانی پر بھی اسے کمال درجہ فخر تھا۔ جبکہ یہ عجیب طُرفہ تماشہ ہے کہ آج اس کا وجود بڑی حد تک اس کی اردو شاعری کی وجہ سے ہے۔ کم از کم اردو زبان و ادب کا مجھ جیسا طالب علم غالب کو ان کے اردو کلام کی وجہ سے ہی جانتا ہے۔

اسی طرح اردو زبان کے ایک اور مشہور شاعر ڈاکٹر محمد اقبال نے تو فارسی کے کئی دیوان چھوڑے ہیں۔ 'اسرارِ خودی' ان کا پہلا فارسی شعری مجموعہ ہے۔ محمد اقبال کو بھی اس بات کا احساس ہو چلا تھا کہ اردو زبان و ادب کے مقابلے میں فارسی زبان وادب کا دائرۂ کار قدرے وسیع ہے۔ نیز وہ زبان وادب سے جو کام لینا چاہتے ہیں اس کے لیے یہی فارسی زبان ممد و معاون ثابت ہو سکتی ہے۔ ڈاکٹر 'سید عبد اللہ' اپنے ایک مضمون 'تشریحِ اقبال' میں لکھتے ہیں :

"اقبال کی زبان حکیمانہ اصطلاحوں اور ترکیبوں سے پُر ہے۔ عام خصوصیات کے اعتبار سے اقبال پر حافظ، فگانی، جلال اسیر، سالک یزدی، رضی دانش، ابو طالب کلیم اور طالب آملی وغیرہ کا بڑا اثر ہے۔ لیکن حکیمانہ مضامین کے لیے انھوں نے رومی، خاقانی، بیدل اور طالب کی زبان استعمال کی ہے۔" (آثارِ اقبال ص ۲۶۷)

اردو کے شعری سرمائے میں درج ذیل لفظیات کا استعمال خوب ملتا ہے:

رخِ زیبا، چہرہ یار، قامت زیبا، دراز قامت، دراز گیسو، موجِ تبسم، روبہ قضا، ماہِ نَو، صورتِ طاؤس، چشمہ آتش، چشمِ سوزن، چشمِ آہو، رنگِ یاقوت وغیرہ۔

ایک زمانے تک اردو زبان کا ہر شاعر فارسی میں ضرور کلام موزوں کرتا تھا۔ بلکہ فارسی زبان میں سخن کر کے اپنے شعری کمالات کو پرکھتا تھا۔ سامنے والا بھی اسی سے اس

کی لیاقت کا اندازہ کرتا تھا۔ جس طرح مشاہیر شعرا نے فارسی زبان میں غزلیں کہی ہیں اسی طرح آج بھی لوگ بزبان فارسی کلام موزوں کررہے ہیں، اگرچہ پہلے کی طرح نہیں۔ بارہا کہا جاتا ہے کہ اردو زبان وادب کو سمجھنے نیز کلاسیکی ورثے کی سُن گُن کے لیے ناگزیر ہے کہ فارسی زبان و ادب سے واقفیت حاصل کی جائے۔ اس میں کوئی شک بھی نہیں ہے۔ چونکہ اردو زبان و ادب کا بیشتر سرمایہ عربی و فارسی سے مستعار ہے اس لیے اردو الفاظ اور جملوں کی درست قرأت کے لیے ان زبانوں کا جاننا ضروری ہے۔

نثری ادب: شعری سرمائے کے مقابلے میں اردو کا نثری سرمایا اول روز سے ہی مغربی ادب سے متاثر رہا ہے۔ فورٹ ولیم کالج، ورناکولر سوسائٹی، علی گڑھ تحریک، انجمنِ پنجاب کی تحریک اور دہلی کالج سے لیکر مختلف دبستانوں تک مغربی زبان وادب کے اثرات جابجا نظر آتے ہیں لیکن یہاں بھی فارسی زبان و ادب کے اثرات موجود ہیں۔ میر امّن کے تراجم اس کی مثال ہیں۔ دکنی نثر پاروں میں بھی فارسی کے اثرات پائے جاتے ہیں۔ صوفیائے کرام کی تحریریں اس ضمن میں پیش کی جاسکتی ہیں۔ اس لیے کلی طور پر فارسی کے اثرات سے انکار نہیں کیا جاسکتا ہے۔ اردو زبان کا نمائندہ شاعر میر تقی میر جنھیں اردو شاعری کا خدائے سخن بھی کہا جاتا ہے۔ انھوں نے مختلف شاعروں کی سوانح حیات کو 'بزبانِ فارسی' ترتیب دیا۔ اس سے اس زبان کی مقبولیت اور رواج کا بھی اندازہ لگایا جاسکتا ہے۔

عام بول چال:

عام بول چال میں بھی فارسی زبان کی لفظیات کا استعمال بڑی روانی کے ساتھ کیا جاتا ہے۔ بول چال کے کئی ایسے الفاظ ہیں جنھیں فارسی لاحقے اور سابقے یا اس کے بغیر بھی عام بول چال میں استعمال کیا جاتا ہے۔ ذیل میں چند مثالیں دیکھیں:

بہشت، نماز، پنج سورہ، پنج تن، مشت، ہفتہ، دوشنبہ، بریانی، دسترخوان، باورچی خانہ، غسل خانہ، نعمت خانہ، میز پوش، سفید پوش، پان دان، سُرمہ دانی، صراحی، بُت، سخن، دندان، ابرو، عارض، گیسو، نماز پنجگانہ، جائے نماز، نیم جان، نیم گرم، نیم حکیم، نابینا، پر نور وغیرہ۔ اسی طرح بے شمار ایسے الفاظ ہیں جو فارسی کی نسبت سے اردو زبان میں داخل ہوئے ہیں۔ مذکورہ بالا الفاظ اردو زبان میں اس طرح رائج ہیں جیسے اس کے اپنے ہوں۔ ان لفظیات کو ایک عام آدمی بھی بڑی خوبی کے ساتھ بولتا اور سمجھتا ہے۔

ہم کہہ سکتے ہیں کہ اردو کے شعری اور نثری سرمائے کے ساتھ ہی عام بول چال پر بھی فارسی زبان و ادب کے گہرے اثرات ہیں۔ ظاہر سی بات ہے کہ تین چار سو سالوں تک عظیم ہندوستان پر فارسی سرکاری زبان کے طور پر رائج رہی ہے۔ نیز پورا خطہ اس کی تہذیب و تمدن کے زیرِ اثر رہا ہے۔ مغلیہ سلطنت کی یہ سرکاری زبان تھی۔ اس کے علاوہ برِ صغیر کے مسلمانوں نے مذہبی عقیدے کے طور پر عربی زبان کے بعد اسی زبان کو اپنایا۔ ہندوستان کے طول و عرض میں بالخصوص مدارسِ اسلامیہ میں فارسی زبان کی باضابطہ تعلیم و تدریس آج بھی ہوتی ہے۔ سعدی کی گلستاں و بوستاں اور گلزارِ دبستاں کئی نسلوں نے پڑھی ہے۔ یہ کتابیں آج بھی بعض مدارس کے نصاب میں شامل ہیں۔ عدلیہ اور دیگر سرکاری و غیر سرکاری محکموں میں آج بھی فارسی کی بے شمار لفظیات کا استعمال ہوتا ہے۔ مثال کے طور پر فردِ جرم، موقعۂ واردات، عدالت، دفعات، وکیل اور عدالتی حکم نامہ وغیرہ۔

ایسے میں یہ کیسے ممکن ہو سکتا ہے کہ یہاں کی زبان اور یہاں کے ادب پر فارسی زبان کے اثرات نہ پڑے ہوں۔ بلکہ حقیقت تو یہ ہے کہ اردو زبان ہی نہیں دیگر علاقائی زبانوں کے ساتھ ہی یہاں کی طرزِ معاشرت پر بھی فارسی تہذیب و تمدن کے اثرات

پڑے ہیں۔ فارسی زبان نے اس وقت اپنے سامنے اردو ہی نہیں، بلکہ کسی بھی زبان کو پنپنے نہیں دیا۔ حد تو یہ ہے کہ 'عربی زبان' جو یہاں پہلے سے موجود مسلمانوں میں مذہبی اعتبار سے مقبول تھی اور فارسی بولنے والے مغل حکمرانوں کی بھی مذہبی زبان تھی نیز فارسی زبان بھی اس کے گہرے اثرات نمایاں ہیں، اسے بھی نہیں پنپنے دیا۔

***

۹

اردو میں ادبی کالم نگاری

صابر علی سیوانی

اردو ادب میں مختلف اصناف کے لازوال شاہکار موجود ہیں۔ شاعری، افسانہ نگاری، مکتوب نگاری، تنقید نگاری وغیرہ کے ذریعے فنکاروں نے اپنے فن کے جلوے دکھائے، لیکن اردو ادب میں جتنی مقبولیت شاعری کو حاصل ہوئی وہ کسی صنف کو حاصل نہ ہو سکی۔ شاعری کے علاوہ بھی دیگر اصناف میں ماہرین فن نے اپنی طباعی اور خلاقی کے جوہر دکھائے، ان میں افسانہ نگاری کو آزادی کے بعد عروج حاصل ہوا اور آج بھی ملک و بیرون ملک بڑے بڑے افسانہ نگار موجود ہیں، جو اپنے قلم کے ذریعے جدید معاشرتی مسائل پر عصری تکنیک کے اثرات کے حوالے سے افسانے قلمبند کر رہے ہیں۔ مکتوب نگاری کے ذریعے بھی اپنی بات کو بے تکلفی سے بیان کرنے کا ہنر اپنایا گیا اور ایک مکتوب نگار اپنے مکتوب الیہ کی خدمت میں اپنی باتیں بلا جھجک پیش کرنے کی سعی کرتا رہا۔ مرزا غالب کو اس فن میں کمال حاصل تھا۔ تنقید نگاری کے میدان میں بھی ناقدین نے تخلیق کاروں کی نکیل کسنے کی کوشش کی اور تخلیق کاروں کے نقائص و محاسن کو پیش کرتے ہوئے تخلیقی رجحان کو صحت مند بنانے کی بڑی حد تک کامیاب کوششیں کیں۔ اسی طرح ادب کے افق پر کچھ فنکار ایسے بھی نمودار ہوئے، جنھوں نے کالم نگاری کو اپنے مافی الضمیر

کی ادائگی کا وسیلہ بنایا اور اس کے ذریعے سماج کے مختلف مسائل اور ادب کی گوناگوں جہات پر لکھنے کی روایت قائم کی۔ ان کی تحریریں عام ادبی تحریروں سے بالکل الگ بلکہ نہایت شستہ، شگفتہ، عام فہم، سہل الممتنع اور دلچسپ ہوا کرتی ہیں جو قاری کو یک گونہ لطف وانبساط کے احساس سے روشناس کراتی ہیں۔ جن میں زبان کی چاشنی کے ساتھ ساتھ زیرلب تبسم پیدا کرنے کی خوبی ہوتی ہے، جسے پڑھ کر قاری اپنی تمام پریشانیاں بھول جاتا ہے اور ایک نئے جوش وخروش کے ساتھ تازہ دم ہو کر میدان عمل میں اترتا ہے۔

اردو میں ادبی کالم نگاری ایک خوش گوار اضافے کا نام ہے، جس میں طنز ومزاح کی ہلکی سی آمیزش بھی ہوتی ہے اور سنجیدگی کا پہلو بھی، یہی وہ اوصاف ہیں جو دیگر فنون کے مقابلے کالم نگاری کے فن کو ممتاز بناتی ہیں۔ یہاں ادبی کالم نگاری کے انہی مختلف پہلوؤں پر روشنی ڈالی جائے گی جن کی وجہ سے اسے مقبولیت حاصل ہوئی۔ ان فنکاروں کی ادبی کالم نگاری کا جائزہ پیش کیا جائے گا جنھوں نے کالم نگاری کے ذریعے کمالِ فن اور حسنِ تحریر کا مظاہرہ کیا۔

کالم انگریزی لفظ ہے، جسے انگریزی میں Column تحریر کیا جاتا ہے، جس کے لغوی معنی صفحے کا حصہ (خصوصاً اخبار کا) خانہ، فوج کا ایک دستہ ہوتے ہیں۔ اصطلاحی طور پر کالم اخباری صفحے کا ایک صحافتی جزو ہے جس میں کالم نگار اپنے مخصوص انداز میں کسی خاص موضوع پر اپنی دلچسپ تحریر نذر قارئین کرتا ہے۔ کالم نگاری کے بارے میں سید اقبال قادری لکھتے ہیں:۔

"کالم ایک ایسا صحافتی فیچر ہے جس میں کالم نویس منتخب موضوع پر اپنے مخصوص انداز میں اپنی رائے پیش کرتے ہوئے کسی بھی معاملے کے اہم پہلوؤں پر روشنی ڈالتا ہے"

(رہبر اخبار نویسی، سید اقبال قادری، ترقی اردو بیورو، نئی دہلی ۱۹۸۹، صفحہ ۳۰۰)

بیسویں صدی میں کالم نگاری نے عروج حاصل کیا، لیکن عصر حاضر میں بھی کالم نگاری کی اہمیت سے انکار نہیں کیا جا سکتا ہے۔ کالم معاصر اردو صحافت کا ایک اہم جزو تصور کیا جاتا ہے۔ کسی بھی اخبار کے لیے اس سے صرف نظر ممکن نہیں ہے۔ کالم میں اہم مسائل کا حل، پیچیدہ معاملات کی توضیح اور تازہ ترین خبروں پر نہایت منفرد زاویے سے روشنی ڈالی جاتی ہے، لیکن اس تحریر میں اسلوب کی دلکشی اور زبان کی سلاست کو بڑا عمل دخل ہوتا ہے۔ کالم کی تحریر عام تحریروں سے قدرے منفرد ہوتی ہے۔ اس کے اسلوب میں مزاح کی چاشنی اور زبان کی شوخی ہو تو اس تحریر کی تاثیر مزید کامیابی کی ضمانت تصور کی جاتی ہے۔ عام طور پر ادبی کالم نگاروں نے اسی روش کو اپنایا ہے اور وہ اپنے مقصد میں بڑی حد تک کامیاب بھی ثابت ہوئے ہیں۔

کالم کی عموماً پانچ قسمیں بتائی جاتی ہیں جو اس طرح ہیں (۱) رنگ برنگ کالم (۲) ذاتی کالم (۳) مزاحیہ کالم (۴) سنڈیکیٹ کالم (۵) خصوصی کالم۔ لیکن خصوصی طور پر دو طرح کے کالم اخبارات میں زیادہ اہمیت کے حامل ہوتے ہیں۔ ایک کالم تو وہ جن میں روزمرہ کے سیاسی اور سماجی حالات پر طنزیہ، مزاحیہ تبصرہ ہوتا ہے اور دوسرا کالم وہ ہوتا ہے جس میں کالم نگار مزاح کے ساتھ ساتھ ادبی حسن بھی پیدا کرنے کی کوشش کرتا ہے اور یہی وجہ ہے کہ اس کی مستقل حیثیت بن جاتی ہے۔ یہ کالم اخبار کی طرح ایک روز کے بعد باسی نہیں ہوتا ہے بلکہ ایک اخبار سے دوسرے اخبار و رسائل تک نقل (ڈائجسٹ) ہوتا رہتا ہے۔ بعض اوقات ان کالموں کا انتخاب کتابی صورت میں بھی شائع ہوتا ہے۔ ان کالم نگاروں کی صف میں مشفق خواجہ، عطاء الحق قاسمی، مشتاق احمد یوسفی، یوسف ناظم اور مجتبیٰ حسین وغیرہ شامل ہیں۔ یہاں ادبی کالم نگاری سے مراد وہ کالم نگاری ہے جس میں ادب کے ساتھ ساتھ طنز و مزاح کا بھی عنصر نمایاں طور پر پایا جاتا ہے۔

اردو میں ادبی کالم نگاری (طنز و ظرافت) کے نمونے یوں تو ہمیں جعفر زٹلی (۱۷۳۱) کے اردو فارسی کے ملے جلے طنزیہ و مزاحیہ اشعار میں ملتے ہیں یا ان متعدد 'شہر آشوب' میں ہمیں طنز و مزاح کے عناصر ملتے ہیں جو اٹھارہویں اور انیسویں صدی میں لکھے گئے۔ حتی کہ غالب کے خطوط میں بھی جابہ جا طنز و مزاح کی آمیزش نظر آتی ہے، لیکن طنز و مزاح اور ادبی کالم نگاری کا باضابطہ آغاز منشی سجاد حسین کے اخبار 'اودھ پنچ' سے ہوتا ہے۔ ہفتہ وار 'اودھ پنچ' ۱۸۷۷ میں سجاد حسین کی ادارت میں جاری ہوا۔ اودھ پنچ کے اجراء سے قبل اردو اخبار نویسی تقریباً نصف صدی کا سفر طے کر چکی تھی۔ ملک کے گوشے گوشے سے بیشمار اردو اخبارات شائع ہوتے تھے، ان میں بعض نہایت معیاری اور رجحان ساز اخبارات بھی تھے۔ اس کے باوجود 'اودھ پنچ' کا اجراء ہندوستانی اردو صحافت کی تاریخ کا ایک حسین باب ہے۔ اس اخبار کی سب سے اہم خصوصیت یہ ہے کہ اردو زبان میں طنزیہ و مزاحیہ صحافت کا ایک پورا دور اس کے نام سے منسوب ہے۔ تقریباً ۳۶ برسوں تک نہایت آب و تاب کے ساتھ 'اودھ پنچ' شائع ہوتا رہا۔ اس اخبار کی خوش بختی یہ بھی رہی کہ اسے چھ سات اعلی اور شوخ مزاج ادیب میسر آگئے تھے، جن میں تربھون ناتھ ہجر، رتن ناتھ سرشار، مچھو بیگ ستم ظریف، جوالا پرشاد برق، نواب سید محمد آزاد، منشی علی احمد شوق اور اکبر الہ آبادی وغیرہ شامل تھے۔ ان قد آور ظرافت نگاروں نے صحیح معنوں میں اردو کے مزاحیہ ادب کو اعتبار و وقار بخشا۔ 'اودھ پنچ' میں جو مضامین شائع ہوتے تھے ان کا دائرہ بہت وسیع تھا۔ دنیا کا وہ کون سا مسئلہ تھا جو اس میں شامل نہ ہوتا تھا۔ ان میں مغرب اور مغربی تہذیب، اہل ہند کی کاہلی، غربت و جہالت، بے راہ روی، مغرب کی اندھی تقلید، خواتین کی بے پردگی، سرسید کی تحریک کے بعض اہم پہلو، شراب، افیون، بیٹر بازی، توہم پرستی اور اس جیسے بیسیوں دیگر موضوعات و مسائل 'اودھ پنچ' کا

حصہ تھے۔ سیاسی و سماجی ناہمواریوں پر بھی کھل کر لکھنے والے لکھا کرتے تھے۔ علاوہ ازیں صحتِ زبان کے موضوع پر بھی کالم لکھے جاتے تھے۔ شعرا کے کلام پر اصلاح کے مباحثے بھی چلتے رہتے تھے۔ جس کی وجہ سے اہل علم و ادب کا ایک بڑا حلقہ اس کا اسیر بنتا چلا گیا۔ 'اودھ پنچ' سماج کا مکمل آئینہ دار تھا جس میں منفی سیاسی پہلوؤں اور سامراجی نظام کے خلاف علم بغاوت بلند کرنے کی جرات تھی۔ فکر تونسوی 'اودھ پنچ' کے حوالے سے پندرہ روزہ 'چنگاری' میں بعنوان 'اودھ پنچ والے' لکھتے ہیں :

"اودھ پنچ والے کون تھے؟۔ ایک صدی پہلے طنّازوں کا یہ قافلہ کیوں پیدا ہوا تھا؟ فرنگی سامراج کی تلوار قلم اور اظہار پر لہرا رہی ہو۔ نثر میں رئیسانہ پر تکلفی کو اعلی تہذیب سمجھا جاتا ہو اور سیاسی جدوجہد پر نوکیلے پہرے بیٹھے ہوئے ہوں اور عامتہ الناس کی بے چارگی کو خدا کی دین سمجھا جاتا ہو۔ ایسے میں، ایسے گھٹن اور زوال زدہ معاشرے میں 'اودھ پنچ' والے دانشوروں کا قافلہ اپنا طرّار، شگفتہ، بے باک قلم لیے ہوئے ابھر آیا۔ کچھ اس طناز لب و لہجہ کے ساتھ، ایسے شستہ اور تیکھے مزاج کی دلفریب آڑ لیے ہوئے کہ اودھ پنچ میں جو بھی فقرے شائع ہو جاتے، بے بس عوام کی کچلی ہوئی روح کے غماز بن جاتے۔ اردو نثر کو تکلفات کی مٹی کے بے روح ڈھیر سے نجات دلانے اور اسے عوام کی ست رنگی پھلجھڑی بنانے میں جتنا 'اودھ پنچ' والوں کا کام ہے، تواریخ اردو اسے آج تک نہیں بھلا سکی تو آنے والی صدیوں میں کیا بھلا سکے گی۔ (پندرہ روزہ چنگاری، کالم نگار نمبر، مرتب فکر تونسوی، رام نگر شاہدرہ، دہلی ۱۹۸، صفحہ ۱۲)

'اودھ پنچ' نے ۳۶ برس تک ظرافت کے گیسو سنوارنے کے بعد ۱۹۱۳ میں دم توڑ دیا۔ بعد ازاں اس کی روایت کو فروغ دیتے ہوئے بہت سے اخبارات نے اپنے کالموں میں ظرافت کو سماجی نشیب و فراز کو اجاگر کرنے کا ذریعہ بنایا۔ انھی میں سے ریاض خیر آبادی

کے رسالوں 'فتنہ' اور 'عطر فتنہ' نے بھی طنز و مزاح کے سرمایے میں بیش بہا اضافہ کیا۔ ان رسائل کی سب سے بڑی خوبی یہ تھی کہ انھوں نے نہ صرف طنز و مزاح نگاروں کو طنز کے آداب سکھائے اور مزاح پیدا کرنے کا گر سکھایا بلکہ طنز و مزاح کی اہمیت کو بھی منوایا۔ اردو طنز و مزاح نگاری کی خوش قسمتی یہ رہی کہ اس میدان میں ہمیشہ اردو کے اعلیٰ پائے کے ادیبوں نے قسمت آزمائی کی۔ بیسویں صدی کے آغاز تک تو صورت حال یہ ہو گئی تھی کہ اردو میں نہ صرف طنز و مزاح پر مشتمل رسائل شائع ہونے لگے تھے، بلکہ ہر اردو اخبار میں مزاحیہ کالم کی اہمیت محسوس کی جانے لگی تھی۔ چونکہ اس دور میں حالات کچھ ایسے پیدا ہو گئے تھے کہ راست طور پر بہت سی باتوں کو بیان کرنے کی بجائے طنز و مزاح کے خوبصورت پیرائے میں اپنے مافی الضمیر کو ادا کرنا زیادہ موثر سمجھا جاتا۔ جس کا نتیجہ یہ ہوا کہ ایسے ادیب جن کا راست طور پر طنز و مزاح سے کوئی تعلق نہ تھا وہ بھی کالم نگاری کی جانب مائل ہوئے اور کالم نگاری کے ذریعے انھیں زبردست شہرت حاصل ہوئی۔ ان میں سے خواجہ حسن نظامی، ابوالکلام آزاد، چراغ حسن حسرت، قاضی عبدالغفار، عبدالماجد دریابادی، عبدالمجید سالک، مولانا محمد علی جوہر اور مولانا ظفر علی خان وغیرہ کے نام قابل ذکر ہیں۔

جس سال منشی سجاد حسین کا 'اودھ پنچ' بند ہوا، اسی سال مولانا ابوالکلام آزاد نے اپنا ہفت روزہ 'الہلال' جاری کیا۔ مولانا نے آغاز میں ہی 'الہلال' میں 'افکار و حوادث' کے عنوان سے ایک فکاہیہ کالم شروع کیا، جسے وہ خود ہی لکھا کرتے تھے۔ ان کے موضوعات سیاسی و مذہبی نوعیت کے ہوا کرتے تھے۔ وہ ان کالموں میں فرنگی حاکموں کی مسلم دشمنی، سرسید کی انگریز نواز سیاست اور مسلمانوں کی کاہلی اور سہل پسندی کے موضوعات نمایاں طور پر پیش کرتے تھے۔ سیاسی مخالفین کی خوب حرف گیری کیا کرتے تھے، لیکن ان کی

ظرافتی تحریروں میں ظرافت سے زیادہ طنز کے عنصر نمایاں ہوتے تھے۔ مولانا نے 'الہلال' میں 'فکاہات' کے عنوان سے طنزیہ شاعری کا بھی ایک کالم شروع کیا اور پھر اسی دہائی میں یعنی بیسویں صدی کی دوسری دہائی میں اور اس کے بعد جاری ہونے والے اردو اخبارات نے ظرافت نگاری کو اپنے روزناموں کا جزولاینفک تصور کیا اس طرح مزاحیہ کالم اردو صحافت کا باقاعدہ امتیازی وصف بن گیا اور یہ سلسلہ جو اس وقت شروع ہوا آج بھی اس کا تسلسل اردو صحافت میں پایا جاتا ہے۔

اردو صحافت کا زور اس وقت شمالی ہند خصوصاً پنجاب میں تھا۔ چنانچہ اس صوبے کی راجدھانی لاہور سے نکلنے والے تقریباً سبھی نئے روزناموں نے فکاہیہ کالم شائع کرنے کا خاص طور پر اہتمام کیا۔ ان اخبارات نے نظم ونثر کے ذریعے طنز ومزاح کے سرمائے میں اضافے کا کام کیا۔ مولانا ظفر علی خان کے اخبار 'زمیندار' اور 'ستارۂ صبح' محمد علی جوہر کے 'ہمدرد'، عبدالمجید سالک کے 'انقلاب' چراغ حسن حسرت کے 'شیرازہ' مہاشہ کرشن کے 'پرتاپ' مہاشہ خوشحال چند کے 'ملاپ' لالہ لاجپت رائے کے 'بندے ماترم' اور سناتن دھرم سبھا کے 'ویر بھارت' وغیرہ میں اپنے اپنے مخصوص فکاہیہ کالم تھے۔ یہ حقیقت ہے کہ ۱۹۴۷ تک جتنے بھی اخبارات جاری ہوئے ان تمام اخبارات میں فکاہیہ کالم ہوا کرتے تھے اور جس اخبار کو کوئی مزاحیہ ادبی کالم نگار نہیں ملتا تھا تو اخبار کا مدیر ہی فکاہیہ کالم نگاری کا فریضہ انجام دیا کرتا تھا۔ نثر ہو یا نظم جس میں مدیر کو زیادہ آسانی یا قدرت حاصل ہوتی تھی اس میں طنز ومزاح کے جوہر دکھاتا تھا۔

۱۹۰۳ میں ظفر علی خان کے والد مولوی سراج الدین نے لاہور سے 'زمیندار' کی اشاعت کا آغاز کیا۔ ان کے انتقال کے بعد مولانا ظفر علی خاں نے زمیندار کی ادارت کی ذمے داری سنبھالی۔ نظم کے میدان میں مولانا ظفر علی خاں واحد کالم نگار تھے، جنھوں

نے اپنی صلاحیت کا اعتراف کرایا اور منظوم انداز میں مزاحیہ کالم لکھ کر سب کو حیرت زدہ کر دیا۔ پھر یہ جو سلسلہ ان کے اخبار 'زمیندار' میں شروع ہوا تو اس کی شہرت برصغیر ہند و پاک میں ایسی پھیلی کہ صرف ان کا کالم پڑھنے کے لیے قارئین 'زمیندار' خریدا کرتے تھے اور اس کا بے صبری سے انتظار کرتے تھے۔ مولانا ظفر علی خاں کی فکاہیہ کالم نگاری کا اصل جوہر ان کی شاعری میں ہی پوشیدہ تھا۔ ان کا قلم سیاسی اور مذہبی موضوعات کی جانب مائل تھا۔ ان کی فکاہیہ نظموں میں خطیبانہ انداز غالب تھا۔ کبھی ان کی تحریروں میں شدت پسندی غالب آجاتی تھی اور ان میں ہجویانہ انداز نمایاں ہو جاتا تھا۔ وہ جس بھی سیاسی اور مذہبی شخصیت کو نشانہ بناتے تھے، اس کی بخیہ ادھیڑ کر رکھ دیتے تھے۔ علاوہ ازیں انھوں نے ایک طرف انگریزوں اور دوسری جانب ہندوؤں کو بھی اپنی مزاحیہ منظوم تحریروں کے ذریعے نشان بنایا۔ حکومت نے اخبار کے شدت پسند انداز کا سنجیدگی سے نوٹس لیا اور ۱۹۱۶ میں 'زمیندار' پر پابندی عائد کر دی گئی، لیکن مولانا کب خاموش رہنے والے تھے۔ انھوں نے فوراً 'ستارۂ صبح' کے نام سے ایک غیر سیاسی اخبار نکالا اور اس میں 'فکاہات' اور 'جواہر ریزے' کے زیر عنوان وہ نئے مزاحیہ کالم کی جگہ مخصوص کر ڈالی، جن میں غیر سیاسی موضوعات پر نہایت شائستگی و شستگی سے طنزیہ تحریریں معرض وجود میں آنے لگیں۔ ۱۹۲۰ میں 'زمیندار' کا دوبارہ اجرا عمل میں آیا اور اس اخبار کا پرانا مزاحیہ سلسلہ 'تیر و تفنگ' دوبارہ شروع ہو گیا۔ اس میں انھوں نے کسی بھی سیاسی لیڈر کو معاف نہیں کیا، یہاں تک کہ اقبال، جناح، ابوالکلام آزاد، مہاتما گاندھی اور جواہر لال نہرو تک کو نشانہ بنانے سے احتراز نہیں کیا۔ مولانا ظفر علی خاں اپنے فرضی قلمی نام 'نقاش'، 'ابو زید'، 'سروجی'، 'حارث' اور 'ابن ہمام' سے لکھتے رہے، لیکن مزاحیہ منظوم کالم نگاری میں جو مقام مولانا کو حاصل ہوا وہ کسی دوسرے مزاح نگار کے حصے میں نہیں آیا۔

ادبی طنز و مزاح نگاری میں عبد المجید سالک کی خدمات سے انکار نہیں کیا جاسکتا ہے۔ عبد المجید سالک ۱۹۲۰ کے آس پاس 'زمیندار' کی ادارت میں شامل ہوئے۔ انھوں نے 'زمیندار' میں 'افکار و حوادث' ہی کے عنوان سے اپنا فکاہیہ کالم لکھنا شروع کیا۔ وہ ایک ذہین اور دور اندیش قلمکار تھے۔ جلد ہی ان کا کالم مزاح اور طنز کے نئے معیار کو پہنچ گیا اور اس کی شہرت دور دور تک پھیل گئی۔ سالک ۱۹۲۷ میں 'زمیندار' سے الگ ہو گئے۔ عبد المجید سالک نے 'انقلاب' اور 'زمیندار' میں کم و بیش ۳۰ برس تک مزاحیہ کالم نگاری کی۔ اس طویل عرصے تک شاید ہی کسی نے مزاحیہ و طنزیہ کالم نگاری کا سلسلہ جاری رکھا ہو۔ انھوں نے اپنی کالم نگاری کے ذریعے ادبی کالم نگاری کو جن بلندیوں پر پہنچایا اس کی نظیر نہیں ملتی ہے۔

چراغ حسن حسرت کاشمیری کلکتہ سے شائع ہونے والے اخبار 'نئی دنیا' میں کولمبس کے نام سے 'افکار و حوادث' جیسا کالم لکھا کرتے تھے۔ کلکتہ کے 'نئی دنیا' کے بعد حسرت نے مسلم اور ہندو ملکیت کے کئی اردو اخبارات میں ملازمت کی۔ ان اخبارات میں 'کولمبس'، 'کوچہ گرد' اور 'سندباد جہازی' کے قلمی ناموں سے اپنا کالم لکھا۔ بعد ازاں ۱۹۳۲ میں لاہور سے 'شیرازہ' کے نام سے اپنا فکاہی اور ادبی ہفت روزہ جاری کیا۔ 'شیرازہ' میں حسرت کی شاہکار طنزیہ تخلیق 'جدید جغرافیۂ پنجاب' قسط وار شائع ہوئی، جو بعد میں ۱۹۴۶ میں کتابی شکل میں چھپ کر منظر عام پر آئی۔ اس کالم میں انھوں نے پنجاب کے احوال، سیاسی میدان کے سورماؤں، حریفوں اور حلیفوں کے نشیب و فراز کو اجاگر کیے اور تلخ حقائق کو مزاح و طنز کے پیرائے میں پیش کیے۔ معروف کالم نگار نصر اللہ خاں نے لکھا ہے کہ "حسرت صاحب کے بارے میں بلا خوف تردید کہا جاسکتا ہے کہ ان سے بڑا مزاحیہ کالم نویس اور طنز نگار آج تک نہیں پیدا ہوا۔

بیسویں صدی کے ظرافتی افق پر ایک تابندہ نام خواجہ حسن نظامی کا ہے، جنھوں نے اردو طنز و مزاح کے صف اول کے لکھنے والوں میں اپنی منفرد شناخت قائم کی۔ خواجہ حسن نظامی کی ظرافت نگاری کے متعلق فکر تونسوی پندرہ روزہ 'چنگاری'، دہلی میں رقمطراز ہیں :

"بیسویں صدی کا آغاز ہی ہوا تھا کہ دہلی کے افق سے اردو صحافت اور نظافت کا ایک نیا اور چمکدار ستارہ طلوع ہوا۔ خواجہ حسن نظامی، پورے نام کے صوتی تاثرات ہی میں عظمت کی جلترنگ جادو جگادیتی ہے۔ اپنے اخبار 'منادی' میں قلم برداشتہ بے ساختگی اور بے خوفی سے لکھنا شروع کیا، تو لکھتے گئے، لکھتے گئے، بے تکان۔ موضوع اس گیسو دراز خواجہ کی قدم بوسی کے لیے جیسے کیو (Que) بنا کر کھڑے ہو جاتے۔ موضوع میں انگریز سامراج آئے، عالم بے عمل، مذہبی نقاب پوش آئے یا معاشرتی توتو میں میں۔ خواجہ حسن نظامی کا تند و تیز مگر آداب یافتہ قلم اپنے منفرد اسلوب میں سب کے تار و پود بکھیر دیتا۔ دیکھتے دیکھتے تھوڑی ہی مدت میں "منادی" وقت کی گونجیلی آواز بن گیا۔"

(پندرہ روزہ چنگاری، دہلی، ۱۹۸۴، صفحہ ۵۵)

خواجہ حسن نظامی کے مزاحیہ کالموں میں 'کم اِن مائی ڈیئر'، 'جھینگر کا جنازہ' اور اس قبیل کے دیگر کالموں کو بڑی شہرت حاصل ہوئی۔ خواجہ حسن نظامی نے کالم نگاری کو وقت کے اہم تقاضے کے طور پر اپنایا، لیکن حقیقت یہ ہے کہ انھوں نے اپنے کالم جس انداز کے تحریر کیے اس کی دھوم سارے ملک میں تھی، بلکہ آج بھی ان کی تحریریں بڑی دلچسپی اور سنجیدگی سے پڑھی جاتی ہیں۔ ان کے ایک کالم 'جھینگر کا جنازہ' سے پیش ہے ایک مختصر اقتباس:

"انسان مثل ایک جھینگر کے ہے، جو کتابیں چاٹ لیتے ہیں۔ سمجھتے بوجھتے خاک

نہیں۔ یہ جتنی یونیورسٹیاں ہیں، سب میں یہی ہوتا ہے۔ ایک شخص بھی ایسا نہیں ملتا جس نے علم کو علم سمجھ کر پڑھا ہو۔"

خواجہ حسن نظامی نے جھینگر کے تناظر میں انسانوں کی علمیت اور خصوصاً یونیورسٹیوں میں تعلیم کی صورت حال کا جو خاکہ پیش کیا ہے وہ آج بھی کم و بیش سو سال گزر جانے کے بعد بھی بالکل حقائق پر مبنی معلوم ہوتا ہے۔

حاجی لق لق روزنامہ 'زمیندار' لاہور میں 'تعلقہ' کے نام سے روزانہ کالم لکھا کرتے تھے۔ لوگ اسے صبح صبح تفریح کے طور پر پڑھ کر بہت لطف اندوز ہوا کرتے تھے۔ ان کالموں میں شعریت کا حسن اور معاصرانہ چشمک کی کڑواہٹ و شیرینی دونوں شامل ہوا کرتی تھی۔ انھیں مزاحیہ نظم و نثر دونوں پر عبور حاصل تھا۔ لوگ صبح صبح اخبار میں سب سے پہلے ان کا ہی کالم پڑھا کرتے تھے۔ حاجی لق لق کا ایک مزاحیہ مضمون 'لیڈر بن جاؤ' ہے جس میں انھوں نے لیڈر کی خصوصیات بیان کی ہیں اور یہ بتانے کی کوشش کی ہے کہ اگر آپ کو دنیا میں کوئی کام نہیں ملتا تو بس آپ لیڈر بن جائیے۔ آپ کے مزے ہی مزے ہوں گے۔ اپنے اس مضمون میں حاجی لق لق لکھتے ہیں :

"اگر آپ کو دنیا میں کوئی کام نہیں ملتا تو لیڈر بن جاؤ۔ تجارت کرنے کے لیے سرمائے کی ضرورت ہے۔ کھیتی باڑی کرنے کے لیے محنت کی ضرورت ہے اور نوکری کی تو بات ہی چھوڑ دیجیے۔ پہلے تعلیم کی پھر سفارش کی۔ سفارش کے بغیر چپراسی کی نوکری بھی نہیں ملتی۔ ہاں لیڈری سب سے آسان چیز ہے، نہ سرمائے کی ضرورت، نہ محنت کی، نہ تعلیم کی نہ سفارش کی۔ اور مزے ولایت پاس سے زیادہ، جدھر جاؤ عزت، زندہ باد کے نعرے، جلسے جلوس، مرغ پلاؤ۔ غرض مزے ہی مزے ہیں۔"

حاجی لق لق کا ایک بہت ہی مشہور مزاحیہ مضمون 'تانگے والے' بھی ہے جس میں

کوچبان اور سوار کی گفتگو کو نہایت دلچسپ پیرائے میں لق لق نے بیان کیا ہے۔ وہ اپنے عہد کے ایک عظیم فکاہیہ کالم نگار تھے۔

اردو کے ادبی طنز و مزاح میں ایک بڑا نام ملا رموزی کا بھی ہے۔ ملا رموزی کی گلابی اردو کو کافی شہرت حاصل ہوئی۔ بلکہ یہ کہا جائے تو بیجا نہ ہو گا کہ گلابی اردو اور ملا رموزی دونوں ایک دوسرے کے لیے لازم و ملزوم معلوم ہوتے ہیں۔ بقول فکر تونسوی کہ: "گلابی اردو اور ملا رموزی دونوں ایک دوسرے کے ہمزاد معلوم ہوتے ہیں، اس فرق کے ساتھ کہ ملا رموزی ۱۸۹۶ میں دنیا میں تشریف لائے اور ان کے اندر گلابی اردو نے 1915 میں جنم لیا۔ یہ گلابی اردو ۱۹۵۳ میں کوچ کر گئی بلکہ ملا رموزی کا تصور اس کے بعد بھی ہندوستانی ذہن میں زندہ رہا۔"

ملا رموزی کی گلابی اردو کے کالم نہایت دھماکے دار کالم تھے۔ ان کے کالم شائع ہوتے ہی حکومت اور قارئین پریشان ہو جایا کرتے تھے۔ انگریزی کلچر نے جو ہندوستانی قوم کی اخلاقی اقدار پر جو بالواسطہ طور پر حملے شروع کیے تھے ملا رموزی طنزیہ و مزاحیہ گلابی لہجے میں ان کا مسلسل منہ توڑ جواب دیتے تھے اور یہی ان کے کالموں کی خصوصیت تھی۔ ان کا منفرد اسلوب تھا اور اسی منفرد اسلوب کی وجہ سے وہ آج بھی زندہ ہیں۔ ملاحظہ کیجیے ملا رموزی کی گلابی اردو کا ایک اقتباس اور اندازہ لگایئے ان کے کاٹ دار جملوں کا:

"تو قسم ہے درجہ سوم موٹر کاروں کی کہ تباہ کرتا ہے دھواں پٹرول ایسی موٹر کاروں کا صحت دماغ کو عوام کی ہر جگہ کہ نہیں، غالب آئیں گے اب باشندے حبشہ کے اوپر قبضہ اٹلی کے، مگر یہ کہ لڑتے رہیں گے وہ بیچ دیہات و قصبات اپنے ساتھ تو جھوٹی امید کے"

(جاپان کی سیاہ گولہ باری)

شوکت تھانوی کئی خوبیوں کے مالک تھے۔ وہ بیک وقت افسانے، ڈرامے، خاکے، شاعری اور کالم نگاری میں طبع آزمائی کرتے رہے، لیکن انھیں جو شہرت حاصل ہوئی وہ ان کی کالم نگاری کی وجہ سے ۱۹۳۰ سے ۱۹۸۰ تک کم و بیش پچاس برسوں پر محیط وہ قلم کے تیر و نشتر چلاتے رہے۔ آزادی سے قبل اور آزادی کے بعد ہندو پاک کے اخبارات شوکت تھانوی کے کالم کے بغیر ادھورے تصور کیے جاتے تھے۔ ان کے اہم کرداروں میں بیگم، بچے، بھائی، بہن اور ہمجولی ہوا کرتے۔ جن کی آڑ میں وہ طنز و مزاح کی پھلجھڑیاں چھوڑا کرتے تھے اور معاشرے کے خوب و خراب پر ضرب لگایا کرتے تھے۔ وہ صداقت پسند فنکار تھے اور مزاحیہ لہجے میں ان کرداروں کے اہم اوصاف بیان کر کے ان کے روزمرہ کے معمولات میں شگفتہ نکتے دریافت کر لیتے تھے اور انھیں اس خوبصورت انداز میں پیش کرتے تھے کہ پڑھنے والا ہنسی کے مارے لوٹ پوٹ ہو جاتا تھا۔

ادبی طنز و مزاح نگاری کے اسلوبیاتی دھاروں کے متعلق پروفیسر گوپی چند نارنگ نے لکھا ہے کہ اردو مزاح نگاری میں دو اسلوبیاتی دھارے ہیں۔ اس کے متعلق گوپی چند نارنگ لکھتے ہیں :

"اردو مزاح نگاری میں اب تک دو اسلوبیاتی دھارے خاص کر سامنے آچکے ہیں۔ ایک جو پطرس اور کنھیا لال کپور کی یاد دلاتا ہے یعنی جو خوش طبعی، کھلنڈرے پن اور کھلے ڈلے شگفتہ انداز سے عبارت ہے اور دوسرا وہ جو رشید احمد صدیقی کی یاد دلاتا ہے اور اب مشتاق احمد یوسفی سے منسوب ہے، یعنی متانت آمیز مزاح جس میں ادبیت اور شعریت کی چاشنی غالب ہے۔ خوش طبعی اور شگفتگی یہاں تبسم زیرِ لب کی حیثیت رکھتی ہے۔"

(الف تماشا صفحہ ۲۳)

بیسویں صدی کی چوتھی دہائی اور بالخصوص پانچویں دہائی اردو نثر کے جدید دور سے عبارت ہے۔ اس دور کے طنزیہ و مزاحیہ ادب میں افکار و اسالیب کی نئی روشیں دکھائی دیتی ہیں۔ طنز و مزاح میں لطائف اور چٹکلے بازی سے قطع نظر اب طنز و مزاح میں اعلی اقدار کی پاسداری کو ملحوظ خاطر رکھا جانے لگا۔ دیرپا ادبی تحریروں پر زیادہ توجہ دی جانے لگی۔ اس روایت کو فروغ دینے والوں میں مرزا فرحت اللہ بیگ، احمد شاہ بخاری پطرس اور رشید احمد صدیقی کے نام سرفہرست نظر آتے ہیں۔

مرزا فرحت اللہ بیگ نے ایک شاعر کی حیثیت سے بھی خود کو متعارف کرایا۔ چند کلاسیکی شعرا کے کلام کی تدوین بھی کی، لیکن ان کو جو شہرت حاصل ہوئی وہ ایک طنز و مزاح نگار کی حیثیت سے ہوئی۔ ان کا اہم ترین ادبی طنز و مزاح کا کارنامہ 'نذیر احمد کی کہانی کچھ ان کی کچھ میری زبانی' ہے، جو ۱۹۲۷ میں شائع ہو کر منظر عام پر آیا۔ مولوی نذیر احمد پر لکھا ہوا ایک شاہکار خاکہ ہے جس میں فرحت اللہ بیگ نے بالکل اچھوتے انداز میں مولوی نذیر احمد کی خوبیوں کے ساتھ ساتھ ان کی خامیوں اور کمزوریوں پر بھی اس انداز سے روشنی ڈالی ہے کہ ان کی شخصیت کے تمام پہلو کھل کر سامنے آجاتے ہیں۔ فرحت اللہ بیگ کا ایک اور خاکہ جو مزاحیہ پیرائے میں ہے وہ 'ایک وصیت کی تعمیل' کے زیر عنوان ہے جس میں مولوی وحید الدین سلیم کی شخصیت کے نمایاں خدوخال پیش کیے گئے ہیں۔ مرزا فرحت اللہ بیگ کو دہلی کی ٹکسالی زبان پر خاص قدرت حاصل تھی۔ ان کے مزاحیہ مضامین اور خاکوں کی اہم خوبی ان کی روزمرہ اور محاوروں سے سجی ہوئی ٹکسالی زبان ہے، جو انھیں ان کے معاصرین میں ممتاز بناتی ہے۔

پطرس بخاری مزاح نگاروں کی فہرست میں اس حیثیت سے جانے جاتے ہیں کہ انھوں نے خالص مزاح نگاری کے فن میں طبع آزمائی کی۔ ان کے مزاحیہ مضامین، جن

میں طنز کے عناصر بھی موجود ہیں وہ ہیں 'میں ایک میاں ہوں'، 'سینما کا عشق'، 'مرحوم کی یاد میں' اور 'مرید پور کا پیر'۔ ان تمام مضامین میں پطرس بخاری کا فن اپنے عروج پر نظر آتا ہے۔ ان کا اسلوب نہایت دلکش اور زبان نہایت پُر اثر ہے۔ پطرس مغربی طرز فکر اور خصوصاً طنز و مزاح کے مغربی انداز سے بخوبی واقف تھے، جس کا اثر ان کی تحریروں میں نمایاں طور پر نظر آتا ہے۔ وہ اپنے عہد کے مقبول ترین اور ہر دلعزیز فنکار تھے، جن کی تحریروں کی شگفتگی آج بھی اپنی جانب متوجہ کرتی ہے۔

فکاہیہ کالم نگاروں کی فہرست میں سعادت حسن منٹو کا نام بھی نہایت اہمیت کا حامل ہے۔ حالانکہ منٹو کو افسانہ نگاری کی وجہ سے شہرت حاصل ہے، لیکن افسانوں کے علاوہ منٹو نے کالم نگاری میں بھی جدت طرازی کا مظاہرہ کیا۔ منٹو نے اپنے گرد و پیش کے مضحکہ خیز اندھیروں میں روشنی کی لہریں دوڑانے کے لیے اخباری کالم نویسی کا آغاز کیا۔ منٹو نے اپنے کالم کا عنوان 'تلخ و تند اور شیریں' رکھا۔ ان کے کالم انشائیے کے زمرے میں آتے ہیں، لیکن ان میں سماجی ناہمواریوں اور بے اعتدالیوں پر تیکھے اور دلیرانہ طنز بھی دیکھنے کو ملتے ہیں۔ ان کے کالم میں مزاح نہیں نظر آتا ہے لیکن طنز کے تیروں سے سماجی برائیوں پر نشانہ سادھنے کی کامیاب کوشش نظر آتی ہے۔ منٹو کسی سیاسی یا مذہبی مسلک کے علمبردار نہیں تھے، لیکن وہ اہل ثروت کی کبر و انا اور نخوت و خود بینی کو کبھی معاف نہیں کرسکتے تھے۔ معاشرے کی اخلاقی کمزوریوں کو اپنے کالم 'تلخ و تند اور شیریں' میں ہدف تنقید بنایا۔ 'تلخ و تند اور شیریں' کے عنوان سے ان کے کالموں کا مجموعہ مکتب شعر وادب لاہور سے شائع ہوا۔ منٹو کے کالموں میں وہی بے باکی اور جرات مندی موجود تھی، جو ان کے افسانوں کا امتیاز رہا ہے۔ منٹو کے طنز کا ایک نمونہ ملاحظہ کیجیے جو ان کے کالم 'دیواروں پر لکھنا' سے ماخوذ ہے:

"بمبئی کارپوریشن نے ایک بہت لمبی دیوار جو کوئنز روڈ پر واقع ہے اور برقی ریل کی پٹری کے متوازی دور تک چلی گئی ہے، ان اشتہاروں کے لیے مخصوص کر دی گئی ہے۔ اس دیوار کے پیچھے پارسیوں، عیسائیوں اور مسلمانوں کا قبرستان اور ہندوؤں کا شمشان ہے۔ معلوم نہیں مذہبی نقطۂ نظر سے بمبئی کارپوریشن کی حرکت درست ہے یا نادرست مگر یہ دیوار جس پر ایک سرے سے لے کر دوسرے سرے تک نغموں کے بڑے بڑے اشتہار پینٹ ہیں، ایک عجیب و غریب تضاد پیش کرتی ہے۔ عقب میں ہزاروں انسان دفن ہیں، لیکن پیشانی پر پری چہرہ نسیم بانو کی ایک بڑی تصویر نظر آتی ہے۔ ذرا آگے بڑھیے تو موٹے موٹے حروف میں 'ہنسو ہنسو اے دنیا والو' کا اشتہار دکھائی دیتا ہے۔ دیوار کے پیچھے جلتی ہوئی چتا سے دھواں اٹھ رہا ہے، لیکن سامنے تھیٹر ز کی فلم 'زندگی' کا شوخ رنگ اشتہار چمک رہا ہے۔" (دیواروں پر لکھنا)

اس مختصر سے اقتباس سے اندازہ لگایا جاسکتا ہے کہ منٹو کس قدر حساس فنکار تھے اور ان کی تحریروں میں طنز کے کیسے مؤثر اور دلچسپ مصوری نظر آتی ہے، جو سماج کے تضاد کو عیاں کر دیتی ہے۔ یہی اس فنکار کا کمال ہے۔

فکر تونسوی کا اسکولی نام رام لال اور تخلص فکر تھا۔ وہ ۱۷ اکتوبر ۱۹۱۸ کو شجاع آباد ضلع ملتان میں پیدا ہوئے۔ ان کا آبائی گاؤں تونسہ ضلع ڈیرہ غازی خان (پنجاب) تھا۔ وہ ابتدا میں شاعری کرنے لگے تھے۔ ان کی چند غزلیں بھی رسالوں میں شائع ہوئیں، لیکن انھوں نے تقسیم ہند کے بعد شاعری ترک کر دی اور طنز و مزاح کو ہی اپنے اظہار کا وسیلہ بنایا۔ ۱۹۵۴ میں روزنامہ 'نیا زمانہ' میں ایک طنزیہ کالم 'آج کی خبر' کے عنوان سے لکھنا شروع کیا، لیکن ان کی شہرت 'پیاز کے چھلکے' کالم کی وجہ سے ہوئی، جسے وہ ۱۹۵۵ سے دہلی کے روزنامہ 'ملاپ' میں پچیس سال تک مسلسل لکھتے رہے۔ اس طرح ۱۹۵۵ سے ۱۹۸۱

تک مسلسل یہ کالم لکھتے رہے، جس کی وجہ سے انھیں پورے ملک میں حیرت انگیز مقبولیت حاصل ہوئی۔ وہ ان روزمرہ کے مسائل پر اس انداز سے روشنی ڈالتے تھے کہ ہر شخص اسے اپنے دل کی بات تصور کرتا تھا۔ ان کی سولہ کتابیں شائع ہو چکی ہیں۔ جن میں ان کی آپ بیتی بھی شامل ہے جو دو جلدوں پر مشتمل ہے۔

اردو کالم نگاری میں پاکستانی کالم نگار مشفق خواجہ کی ایک امتیازی شناخت ہے۔ مشفق خواجہ کو زبان اور اسلوب پر بے پناہ قدرت حاصل تھی۔ انھوں نے ادبی کالم نگاری کی ابتدائی ۱۵ نومبر ۱۹۷۰ کو الطاف حسین قریشی کے اخبار 'جسارت' میں بعنوان 'اندیشۂ شہر' اور 'غریب شہر' سے کی۔ پھر جب 'جسارت' کی ذمے داری محمد صلاح الدین نے سنبھالی تو مشفق خواجہ ۱۹۸۱ سے ۱۹۹۴ کے آغاز تک 'سخن در سخن' کے تحت 'خامہ بگوش' کے قلمی نام سے 'جسارت' میں کالم لکھتے رہے۔ ان کے طنز کا نشانہ اردو کی کتابیں اور ان کے مصنفین ہوا کرتے تھے۔ ادبی کالم نگاری میں مشفق خواجہ ایک نئے طرز کے موجد ہیں، جس کو 'ہجوِ ملیح' کہنا زیادہ مناسب معلوم ہوتا ہے۔ بعض نقادوں نے ان کی تحریروں کو جارحانہ کہا ہے، لیکن یہ بھی حقیقت ہے کہ ان کی تحریریں نہایت معیاری اور عالمانہ ہوا کرتی تھیں۔ ان کی تحریر کا ایک مختصر سا نمونہ ملاحظہ کیجیے :

"بعض کتابیں اگر شائع نہ ہوں تو اندیشہ ہوتا ہے کہ کہیں ضائع نہ ہو جائیں، لیکن بعض ایسی کتابیں بھی ہوتی ہیں جو شائع ہو کر ضائع ہو جاتی ہیں۔"

(آپ بیتی یا آپ بیتی کی معذرت)

مشفق خواجہ کے کالموں کے متعلق مجتبیٰ حسین کی رائے بالکل درست معلوم ہوتی ہے:

"خامہ بگوش نے اپنے گہرے طنز کے ذریعے ادب کے بڑے لوگوں کو ان کا چھوٹا

پن دکھانے کی کامیاب کوشش کی ہے۔ ان کا کالم جارحانہ ضرورت ہوتا ہے، لیکن عالمانہ اور عارفانہ بھی ہوتا ہے"۔ (ماہنامہ کتاب نمائئ دہلی، جولائی ۱۹۹۵)

مشفق خواجہ نے اپنے فکاہیہ کالموں کے ذریعے ایک مزاحیہ کردار 'استاد لاغر مرادآبادی' کے نام سے تخلیق کیا۔ یہ ایک ایسا کردار ہے جیسے معلوم ہوتا ہے کہ انھوں نے اس کی زندگی کی حقیقی تصویر پیش کی ہے۔ یا یوں کہیں تو بہتر ہوگا کہ ان کا یہ کردار انہی کا ہمزاد تھا۔ انور سدید مشفق خواجہ کی کالم نگاری کے متعلق لکھتے ہیں:

"زندگی کا حقیقی لطف اٹھانے کے لیے ہی مشفق خواجہ نے فکاہیہ کالم نگاری اختیار کی اور اپنے اہداف پر طنز و مزاح کے سیدھے سادے وار کرنے اور ان کے اثرات دیکھنے کے لیے اپنے اصلی نام عبدالحی یا مشفق خواجہ سے پیش کرنے کی بجائے 'خامہ بگوش' کے فرضی نام سے شائع کیے۔" (بحوالہ اردو بک ریویو، اپریل تا جون ۲۰۰۹، صفحہ ۳۵)

مشفق خواجہ اپنے کالموں میں نہ صرف یہ کہ لفظوں کی خانہ پری کرتے تھے، بلکہ وہ موجودہ ادبی مسائل اور معاصر اردو شاعری پر تنقیدی اشارات سے اپنے کالموں میں حسن، دلکشی اور معنویت پیدا کرنے کا گُر بھی جانتے تھے۔ عصری شاعری اور معاصر ادبی منظر نامے کا مشاہدہ کرنا ہو تو مشفق خواجہ کے فکاہیہ کالموں کا مطالعہ ضرور کرنا چاہیے۔ ان کالموں میں اردو ادب کی حقیقی تصویر نہایت جراتمندی اور دیانتداری سے پیش کی گئی ہے۔ ایک تنقید نگار جو کام اپنی سنجیدہ تحریروں سے کرتا ہے وہی کام مشفق خواجہ اپنے طنز و مزاح سے بھری نگارشات کے ذریعے کرتے ہیں۔ ملاحظہ کیجیے ان کا تنقیدی انداز فکر:

"جس طرح نمک کے بغیر کھانا بے مزہ ہو جاتا ہے اسی طرح اگر بھائی فاروقی کے کسی انٹرویو میں احمد فراز کا ذکر نہ ہو تو ایسا لگتا ہے کہ انٹرویو نہیں پڑھ رہے ہیں کشور ناہید کی کوئی نثری نظم پڑھ رہے ہیں۔" (لوحِ جہاں پر حرفِ مکرّر)

کہا جاتا ہے کہ ہندوستان کے مقابلے پاکستان میں کالم نگار زیادہ پیدا ہوئے۔ وہاں کالم نگاری کی روایت بہت زیادہ مستحکم رہی ہے۔ پاکستان کے بڑے کالم نگاروں میں ایک نام نصر اللہ خاں کا ہے۔ ان کی پیدائش ۱۹۳۰ میں پاکستان میں ہوئی۔ ان کے قلم میں بڑی معنی خیزی نظر آتی ہے۔ روزنامہ 'حریت' کراچی میں 'آداب عرض' کے عنوان سے ان کے کالم روزانہ شائع ہوتے تھے۔ جب ان کے کالم اس اخبار میں شائع ہونا شروع ہوئے تو بڑے بڑے جغادری کالم نگار چونک پڑے کہ یہ کون کالم نگار آگیا ہے جو ہم لوگوں کی چھٹی کرنے پر تُلا ہوا ہے۔ صاف ستھرا بیانیہ انداز، بے باک لہجہ اور خوبصورت اسلوب بیان ان کی تحریروں کا وصف قرار پایا۔ سیاست، معاشرت، معاشرتی تضاد کو انھوں نے اپنی طنزیہ تحریروں کے لیے موضوع بنایا۔ اپنے کالم 'آداب عرض' کے ذریعے کالم نگاری کے میدان میں ایسی چھاپ چھوڑی کہ کوئی بھی دوسرا کالم نگار اس چھاپ کو مٹا نہ سکا۔

حیدرآباد میں پیدا ہونے والے مشہور مزاح نگار پدم شری مجتبیٰ حسین کے بھائی ابراہیم جلیس کو پاکستانی کالم نگاروں کی فہرست میں نمایاں مقام حاصل ہے۔ وہ ہندوستان میں جب تک تھے اپنی تحریروں کے ذریعے اپنی شخصیت اور علمیت کا جوہر دکھاتے رہے، لیکن جب پاکستان ہجرت کر گئے تو وہاں کالم نگاری کے ذریعہ اپنی فنکاری اس انداز میں دکھائی کہ پاکستانی کالم نگاروں کی صف میں ایک شوخ اور طرار کالم نگار کے طور پر اپنی شناخت قائم کی۔ ان کی سرشت میں ہی بغاوت تھی۔ وہ ہندوستان میں جب تک رہے علم بغاوت کو کبھی نیچا نہیں ہونے دیا اور جب پاکستان گئے تو وہاں بھی پرچم بغاوت بلند کرنے سے ذرا بھی جھجک نہیں محسوس کی۔ ان کی تحریروں میں مزاح کم اور طنز زیادہ ہے۔ پاکستان کے عوام نے ابراہیم جلیس کے تیکھے اسلوب اور نڈر سچائی کا کھل کر ساتھ دیا۔ حکمراں ان کی تحریروں سے سہمے رہتے تھے۔ ان کے قلم کی کاٹ نے بڑے بڑوں کو

ڈرنے پر مجبور کر دیا تھا، کیونکہ وہ بیباک، بے لاگ، نڈر اور جرات مند کالم نگار تھے۔ ان کی تحریروں میں مصلحت نام کی کوئی چیز ہی نہیں تھی۔ وہ جو دیکھتے تھے اسے مِن و عَن لکھ دیتے تھے۔ معاشرے کی اونچ نیچ کو اسی انداز سے اپنی فکاہیہ تحریروں میں پیش کرتے تھے، جس انداز سے وہ سماج میں دکھائی دیتی تھیں۔ ابراہیم جلیس کی طباعی اور طنزیہ انداز ملاحظہ کرنے کے لیے یہ مختصر اقتباس ملاحظہ کیجیے، جو ان کے کالم 'وزیر کی تہبند' سے ماخوذ ہے:

"کہتے ہیں کہ ایک چھوٹے آدمی کو شوخیِ تقدیر سے بہت بڑی دولت مل گئی۔ چھوٹے آدمی کو بڑا روپیہ ملنا ایسی ہی بات ہے جیسے کسی بندر کے ہاتھ استر الگ جائے۔ جس طرح بندر شیو بنانے کی کوشش میں اپنا سارا چہرہ 'لہولہان' کر لیتا ہے، اسی طرح چھوٹا آدمی بڑی دولت پانے کے بعد 'لہو و لعب' میں مبتلا ہو جاتا ہے۔"

ابن انشا پاکستانی کالم نگاروں کے ہر اول دستے میں شامل تھے۔ وہ ایک کامیاب کالم نگار تھے۔ ان کا کالم پڑھنے کے لیے لوگ منتظر رہا کرتے تھے۔ ان کا اصل نام شیر محمد خاں اور قلمی نام ابن انشا تھا۔ وہ ۱۵ جون ۱۹۲۷ کو ضلع جالندھر کے گاؤں تھلہ میں پیدا ہوئے۔ تعلیم تو صرف میٹرک تک ہی حاصل کر پائے، لیکن نظم و نثر میں ایسے جوہر دکھائے کہ شائقین ادب ان کے دیوانے ہو کر رہ گئے۔ ابن انشا نے ادبی سفر کا آغاز شاعری سے کیا۔ ان کی پہلی مشہور نظم 'بغداد کی ایک رات' سویرا لاہور میں ۱۹۴۹ میں شائع ہوئی۔ غزل میں بھی انھوں نے جدّت طرازی کا مظاہرہ کیا، لیکن ان کی شناخت طنز و مزاح نگار کی حیثیت سے قائم ہوئی۔ کالم نگاری کے ساتھ ساتھ ان کی شاعری بھی چلتی رہی۔ شاعری میں درد و کرب کی آمیزش تھی، لیکن کالموں کے ذریعے لوگوں کو ہنساتے تھے۔ ابن انشا نے پانچ مزاحیہ سفر نامے لکھے جو اس طرح ہیں۔ (۱) چلتے ہو تو چین کو چلیے (۲) آوارہ

گرد کی ڈائری (۳) دنیا گول ہے (۴) نگری نگری پھرا مسافر (۵) ابن بطوطہ کے تعاقب میں۔ یہ پانچوں مزاحیہ سفر نامے شائع ہو کر مقبول ہوئے۔ ابن انشا کے فکاہیہ کالم روزنامہ 'جنگ' کراچی میں شائع ہوا کرتے تھے۔ فکر تونسوی ابن انشا کے کالموں کے بارے میں لکھتے ہیں :

"ابن انشا کا کالم جب بھی روزنامہ 'جنگ' کراچی میں شائع ہوتا تھا تو لوگ اسے پڑھ کر ایک دوسرے سے بغل گیر ہو جاتے تھے، اور پھر کون تھا جو اس کا کالم نہیں پڑھتا تھا۔ بغل گیری سے کون محروم رہنا چاہتا تھا"۔ (پندرہ روزہ چنگاری، کالم نگار نمبر، صفحہ ۲۷۳)

ابن انشا کی کالم نگاری کی خصوصیات میں سے اہم خصوصیت یہ ہے کہ ان کی مزاحیہ تحریریں نہ صرف تفنّن طبع کے لیے پڑھی جاتی تھیں بلکہ ان میں غور و فکر کی دعوت بھی ہوتی تھی۔ وہ سنجیدہ موضوع کو بھی اس انداز سے پر تکلف پیرائے میں پیش کرتے تھے کہ قاری زیر لب تبسم ریزی کے بغیر نہیں رہ پاتا تھا۔ وہ اپنی شوخی طبع اور دلکش اسلوب سے اردو کے طنز و مزاحیہ ادب خصوصاً کالم نگاری کی تاریخ میں زندہ و تابندہ رہیں گے۔ ان کی شوخی، ظرافت اور طنزیہ انداز سے واقفیت کے لیے ان کے یہ جملے کافی ہیں جو ان کے کالم 'پانی بند رہے گا' سے اخذ کیے گئے ہیں :

"ناظم آباد اور نارتھ ناظم آباد کے باشندوں کو مژدہ ہو کہ جمعے اور ہفتے کو ان کے گھروں کا پانی بند رہا کرے گا۔ یہ سہولت روزانہ تئیس گھنٹے پانی بند رہنے کی سہولت کے علاوہ ہے۔ یعنی مجبوریوں کی وجہ سے فی الحال ہفتے میں دو دن سے زیادہ مکمل طور پر بند رکھنا ممکن نہیں۔ ناغے کے دنوں کی تعداد رفتہ رفتہ بڑھائی جائے گی۔ امید کی جاتی ہے کہ ماہِ محرم کی آمد تک ہم ہفتے میں ساتوں دن پانی بند رکھنے میں کامیاب ہو جائیں گے۔"

(کالم 'پانی بند رہے گا' کالم نگار ابن انشا)

پاکستان کے تقریباً تمام اخبارات میں مزاحیہ کالم پابندی سے شائع ہوتے تھے اور پاکستان میں یہ سلسلہ کم و بیش تمام اخبارات میں اب بھی جاری ہے۔ اب جبکہ وہاں بھی شوکت تھانوی، ابراہیم جلیس، مجید لاہوری اور ابن انشا جیسے بلند پایہ کالم نگار نہیں رہے، لیکن یہ بھی سچائی ہے کہ بعد کے کالم نگاروں میں مشفق خواجہ، انتظار حسین، منو بھائی، عطاء الحق قاسمی، اختر امان، انجم اعظمی، انجم رومانی، محسن بھوپالی جیسے بڑے کالم نگاروں نے کالم نگاری کی روایت کو استحکام بخشا۔ آج بھی پاکستان میں اردو مزاحیہ و طنزیہ کالم نگاروں کی کمی نہیں ہے، لیکن اس کے مقابلے میں ہندوستان میں کالم نگاروں کی تعداد بہت کم ہے۔ فکاہیہ کالم نگاری کو ہندوستان میں کم، لیکن پاکستان میں بہت زیادہ رواج حاصل ہوا۔ بیسویں صدی کے نصف آخر پر محیط اگر کسی ہندوستانی طنز و مزاح نگار کا نام لیا جاسکتا ہے تو وہ مجتبیٰ حسین کا ہے۔ کم و بیش پچاس برسوں سے مجتبیٰ حسین کی کالم نگاری کا سلسلہ جاری ہے۔ وہ آج بھی اپنی کالم نگاری کو جاری رکھے ہوئے ہیں جبکہ ان کی عمر ۸۰ برس سے زائد ہو چکی ہے۔ ۱۹۶۲ میں انھوں نے روزنامہ سیاست حیدرآباد میں مزاحیہ کالم نگاری کا آغاز کیا۔ روزنامہ سیاست جو ۱۹۴۹ میں جاری ہوا، جس میں 'شیشہ و تیشہ' عنوان سے مشہور کالم نگار شاہد صدیقی فکاہیہ کالم لکھا کرتے تھے۔ ان کی موت کے بعد روزنامہ سیاست میں 'کوہ پیما' کے قلمی نام سے تقریباً ۱۵ برسوں تک مجتبیٰ حسین اپنا کالم لکھتے رہے۔ ان کے بڑے بھائی محبوب حسین جگر نے 'شیشہ و تیشہ' لکھنے کی ذمے داری انھیں سونپی اور پھر وہ تعلیم سے فراغت کے بعد اس کالم کو مسلسل لکھتے رہے۔ ۱۹۷۲ میں ملازمت کے سلسلے میں دہلی جانے کے بعد 'شیشہ و تیشہ' کالم لکھنا ذرا دشوار ہو گیا۔ چنانچہ انھوں نے ہفتہ واری کالم لکھنے کا فیصلہ کیا اور سیاست کے سنڈے ایڈیشن کے لیے 'میرا کالم' عنوان کے تحت لکھنے لگے۔ یہ سلسلہ آج بھی جاری ہے، لیکن اب پندرہ دنوں میں

ایک بار ان کا کالم شائع ہوتا ہے جو ان کی پرانی تحریروں پر مشتمل ہوتا ہے۔ 'میرا کالم' لکھنے کا آغاز انھوں نے ۱۹۹۵ میں روزنامے سیاست (حیدرآباد) کے سنڈے ایڈیشن میں کیا تھا۔ مجتبیٰ حسین نے اپنے کالموں میں زندگی اور اس کے مظاہر کو ایک متوسط طبقے کے آدمی کے زاویۂ نگاہ سے دیکھا ہے اور اسے اپنی تحریروں میں پیش کرنے کی کوشش کی ہے۔ اس لیے ان کی تحریروں میں تلخ و شیریں دونوں قسم کے احساسات کی جلوہ سامانی نظر آتی ہے۔ ان کے مزاحیہ کالموں میں طنز کی تلخی تو ضرور ہوتی ہے، لیکن اس کے پس پردہ انسان دوستی اور دردمندی کا احساس بھی پوشیدہ ہوتا ہے۔ انھیں خود پر ہنسنے کا ہنر بخوبی آتا ہے۔ وہ جس موضوع پر بھی لکھتے ہیں کسی نہ کسی طرح اپنی بات کو منوانے اور اپنے مافی الضمیر کو ادا کرنے میں ضرور کامیاب ہو جاتے ہیں۔ ساتھ ہی طنز کا اثر بھی قائم رکھتے ہیں۔ بات سے بات پیدا کرنے کا فن انھیں اچھی طرح آتا ہے۔ وہ کبھی کبھی اپنی تحریروں کو پرلطف بنانے کے لیے لطیفوں کا بھی سہارا لیتے ہیں، لیکن زبان کے وقار کو کبھی مجروح ہونے نہیں دیتے۔ مجتبیٰ حسین فی الوقت ہندوستان کے سب سے بڑے کالم نگار تصور کیے جاتے ہیں۔ ان کی شگفتہ کالم نگاری کے باب سے ایک مختصر سا اقتباس:

"اتنے برسوں تک بھانت بھانت کے رکشاؤں میں بیٹھنے کے بعد اس نتیجے پر پہنچا ہوں کہ جب گھوڑے کی قسمت پھوٹتی ہے تو وہ تانگے میں جوت دیا جاتا ہے اور جب انسان کی قسمت پھوٹتی ہے، تو وہ رکشے چلاتا ہے اور جس شخص کی قسمت کسی وجہ سے پھوٹنے نہیں پاتی بلکہ پھوٹنے کی منتظر رہتی ہے، تو وہ رکشے میں بیٹھ جاتا ہے۔ کئی بار تو ایسا ہوا ہے کہ قسمت کے ساتھ ساتھ ہم بھی پھوٹتے پھوٹتے رہ گئے۔ ہزار بار رکشے والوں کو سمجھاتا ہوں کہ میاں سلامتی کی چال چلو کہ زندگی میں یہی کلیدِ کامیابی ہے تو وہ مجھ سے کہتے ہیں۔ "حضور سلامتی کی چال چل کر تو اس نوبت کو پہنچے ہیں اور اب مزید سلامتی کی

چال چلیں تو زمانہ قیامت کی چال چل جائے گا اور ہم منہ دیکھتے رہ جائیں گے۔"

(کالم یہ رکشا والے)

اس اقتباس سے اندازہ لگایا جا سکتا ہے کہ مجتبیٰ حسین معمولی سی معمولی بات کو بھی کس خوبصورت پیرائے میں بیان کرنے کا ہنر جانتے ہیں اور طنز و مزاح کی آمیزش کے ذریعے مضمون کو نہایت دلچسپ بنا دیتے ہیں، لیکن ان کی مزاحیہ و طنزیہ تحریروں میں ادبیت پر کوئی حرف نہیں آپاتا ہے۔

ہندوستان کے نامور مزاح نگاروں اور کالم نگاروں میں یوسف ناظم کا نام بھی بڑے احترام سے لیا جاتا ہے۔ انھوں نے مزاحیہ مضامین اور خاکے ہی نہیں لکھے، بلکہ اپنے تبصروں اور تنقیدی تحریروں میں بھی مزاح کا رنگ بھرنے کی کوشش کی۔ ان کے کالموں میں مزاح زیادہ اور تلخی کم ہوتی ہے یعنی طنز کا عنصر ان کے مضامین میں کم پایا جاتا ہے۔ لیکن طنز کے تیر چلانے سے موقع بہ موقع چوکتے بھی نہیں ہیں۔ یوسف ناظم نے اپنے عہد کی سماجی اور سیاسی ادبی و ثقافتی تبدیلیوں کا گہرائی سے مطالعہ کیا اور یہی مطالعہ ان کی تحریروں کا حصہ ہے۔ انھوں نے اپنے عہد کی سماجی، سیاسی، ادبی، تہذیبی، اجتماعی اور فرد کی ناہمواریوں کا جو تحریری طور پر جغرافیہ بیان کیا ہے اس میں مزاح کی شگفتگی ہر جملے میں نظر آتی ہے۔ یوسف ناظم کے طنز و مزاح پر مشتمل کالموں میں ذاتی، سماجی، سیاسی، ادبی، ملکی، بین الاقوامی مسائل اور افراد کی اضطرابی کیفیت اور غم انگیزی محسوس ہوتی ہے جس کا اپنے مضمون میں وہ نہایت پُر مزاح انداز میں بیان کرتے ہیں۔ اس میں ان کی داخلی حسیت اور خارجی کیفیت کا بڑا دخل ہے۔ معاشرے میں پائے جانے والے اخلاقی بحران کی غم انگیزی جس پر انھوں نے طنز و مزاح کی صورت میں اظہار خیال کیا ہے وہ روایتی نہیں بلکہ کالم نگار کے ہاں جس اندرونی اضطراب و تشنگی کا احساس ہوتا ہے، ان میں

بعض انھیں کے عہد اور بعض ان کے ذاتی فکر و شعور کا نتیجہ ہیں۔ اس کی دلیل میں ان کے ایک کالم 'کوئی صورت نظر نہیں آتی' سے یہ چند سطریں دیکھیں :

"بعض صورتوں میں یہ بھی ہوتا ہے کہ آدمی کے بدن پر نشانات دیکھتے ہی تجربہ کار لوگ سمجھ جاتے ہیں کہ ہو نہ ہو یہ شخص سچ بول کر چلا آرہا ہے۔ اسی خوشی میں اس شخص کی ہلدی اور پھٹکری سے تواضع کی جاتی ہے۔ عورتوں اور مردوں میں فرق یہ بھی ہے کہ عورتیں خوشی کے موقع پر ہلدی میں رنگی جاتی ہیں۔ مردوں کی قسمت میں بھی ہلدی ہوتی ہے، لیکن صرف اس وقت جب ان سے سچ کہلوایا گیا ہو۔"

یوسف ناظم نے روزنامہ 'انقلاب' اور 'بلٹز' بمبئی میں سماج کے مختلف موضوعات پر سیکڑوں کالم تحریر کیے جو کافی مقبول ہوئے۔

لکھنؤ سے شائع ہونے والے روزنامہ 'قومی آواز' میں حیات اللہ انصاری 'گلوریاں' کے عنوان سے فکاہیہ کالم لکھا کرتے تھے، جس میں سیاسی اور کبھی کبھی ادبی موضوعات پر دلچسپ مزاحیہ تحریریں ہوتی تھیں۔ لیکن ۱۹۵۷ میں 'گلوریاں' لکھنے کی ذمے داری احمد جمال پاشا نے سنبھال لی تھی، جو تقریباً دس برس تک اس کالم کو لکھتے رہے اور قارئین کو اپنی تحریروں سے ہنساتے رہے۔ ان کے قلم میں بے ساختگی، بے خوفی اور شگفتگی تھی اس لیے اتنے دلچسپ کالم لکھ ڈالے جو بیک وقت وقتی اور مستقل حیثیت دونوں کے آئینہ دار تھے۔ احمد جمال پاشا منشی سجاد حسین کے 'اودھ پنچ' سے بہت متاثر تھے۔ اس لیے انھوں نے 'پنچ' کے عنوان سے ایک رسالہ بھی جاری کیا۔ چند سالوں کے بعد لکھنؤ سے سیوان کے ذکیہ آفاق کالج میں لکچرر بن کر چلے آئے اور پھر ان کا 'گلوریاں' کالم لکھنے کا سلسلہ منقطع ہو گیا۔ بعد ازاں 'گلوریاں' لکھنے کی ذمہ داری عبدالمجید سہالوی نے سنبھالی اور مستقل لکھتے رہے، لیکن اس کالم میں پہلے والی بات نہ رہی۔ جس کی مقبولیت میں رفتہ رفتہ

کمی آتی گئی۔ ۱۹۸۰ میں 'قومی آواز' کا دہلی ایڈیشن شائع ہوا تو اس میں متعدد مہمان کالم نگار شریک ہوئے، جن میں من موہن تلخ، سعید سہروردی، کمال احمد صدیقی اور شمس کنول کے نام قابل ذکر ہیں۔ ۱۹۹۵ میں دلیپ سنگھ نے 'گل گفت' کے نام سے جو کالم لکھے وہ نہایت دلچسپ تھے۔ ان میں طنز کی دھیمی آنچ بھی تھی اور مزاح کا نمایاں رنگ بھی موجود تھا۔ بمبئی کے روزنامہ 'انقلاب' میں موصوف 'دیدۂ حیراں' کے عنوان سے بھی فکاہیہ کالم لکھتے تھے۔

مذکورہ کالم نگاروں کے علاوہ نصرت ظہیر جو 'قومی آواز' میں چیف رپورٹر تھے، انھیں فکاہیہ کالم نگاری کی ذمے داری سونپی گئی۔ 'قومی آواز' سے قبل وہ 'ملاپ' اور 'تیج' اخبارات میں کام کر چکے تھے۔ وہ شروع میں 'دہلی ڈائری' کے عنوان سے مزاحیہ کالم لکھا کرتے تھے۔ یہ سلسلہ ایک سال تک جاری رہا۔ ایک سال کے بعد اس کا عنوان بدل کر 'تحت اللفظ' رکھ دیا گیا۔ تحت اللفظ کے عنوان کے تحت تین سال تک فکاہیہ کالم لکھنے کا سلسلہ جاری رہا۔ جس میں تازگی اور شگفتگی دونوں خوبیاں موجود تھیں، لیکن ان کی دوسری مصروفیات کی وجہ سے یہ سلسلہ قدرے توقف کے ساتھ چلتا رہا، یعنی اس میں پابندی نہیں ہو پاتی تھی اور بالآخر یہ سلسلہ بند ہو گیا۔ کئی برس تک نصرت ظہیر نہایت پابندی سے روزنامہ 'راشٹریہ سہارا' نئی دہلی میں اپنا کالم 'نمی دانم' کے عنوان سے لکھتے رہے۔ ان کے علاوہ اسد رضا بھی موجودہ فکاہیہ کالم نگاروں میں شمار کیے جاتے ہیں، جن کی ظرافتی تحریریں قدر کی نگاہ سے دیکھی جاتی ہیں۔

ہندوپاک میں بیسیوں ادبی طنز و مزاح نگار کے شمع روشن کیے ہوئے ہیں اور آج بھی ان کالم نگاروں کی تحریریں بڑی دلچسپی سے پڑھی جاتی ہیں، لیکن اب ادبی کالم نگاروں کا یوں سمجھیے کہ قحط پڑ چکا ہے۔ کالم نگاری کو ہندوستان میں فروغ دینے کی ضرورت ہے۔

حوالہ جات:

ا رہبر اخبار نویسی، سید اقبال قادری، ترقی اردو بیورو، نئ دہلی ۱۹۸۹

۲ اردو صحافت، مرتب: انور علی دہلوی، اردو اکادمی، دہلی ۲۰۰۶

۳ اردو ادب میں طنز و مزاح کی روایت۔ مرتب: ڈاکٹر خالد محمود، اردو اکادمی، دہلی ۲۰۰۵

۴ جامع اردو انسائیکلوپیڈیا (ادبیات)۔ قومی کونسل برائے فروغ اردو زبان، نئ دہلی ۲۰۰۳

۵ خامہ بگوش کے قلم سے، مشفق خواجہ۔ مرتب: مظفر علی سید، مکتبہ جامعہ لمیٹڈ، نئ دہلی ۲۰۱۱

۶ داستان تاریخ اردو۔ حامد حسن قادری، ۲۷۲، جامعہ نگر ٹیچرس ٹریننگ کالج روڈ، نئ دہلی ۲۰۰۷

۷ پندرہ روزہ چنگاری، کالم نگار نمبر۔ مرتب: فکر تونسوی، رام نگر شاہدرہ، دہلی ۱۹۸۴

۸ ماہنامہ 'شگوفہ'، مجتبیٰ حسین نمبر۔ ایڈیٹر: ڈاکٹر مصطفی کمال، بیچلرز کواٹرز، معظم جاہی مارکٹ، حیدرآباد نومبر، ۱۹۸۷

۹ ماہنامہ کتاب نما۔ مکتبہ جامعہ لمیٹڈ، نئ دہلی، جولائی ۱۹۹۵

۱۰ سہ ماہی 'اردو بک ریویو'۔ نیو کوہ نور ہوٹل، پٹودی ہاوس، دریا گنج، نئ دہلی، اپریل تا جون، ۲۰۰۹

***